lonely planet

LE BEST DU OF VOYAGE 2024

Les dernières tendances, les meilleures destinations, les conseils pour voyager responsable

SOMMAIRE

Top 10 des pays

Top 10 des villes

Top 10 des régions

Top 10 des destinations bon marché

Top 10 des destinations écoresponsables

1 La Vltava depuis les jardins de Letná, Prague
2 Pause dans la steppe mongole

INTRODUCTION

par Tom Hall

© NORTHLIGHTIMAGES / GETTY IMAGES

Across Asia on the Cheap, le livre qui a lancé Lonely Planet en 1973, avait un objectif : donner aux lecteurs les clés pour vivre une aventure extraordinaire dans un monde qui n'attendait qu'à être découvert. À travers leurs guides, les fondateurs de Lonely Planet, Tony et Maureen Wheeler, voulaient montrer que les voyages de rêve étaient à la portée de tous, et que des expériences et des rencontres uniques nous attendaient à chaque coin de rue. (Au passage, le lecteur attentif pouvait aussi y trouver des informations sur les omelettes hallucinogènes en vente à Bali. On était en 1973, après tout !) Cinquante ans plus tard, *Le Best of du voyage 2024* de Lonely Planet poursuit cet objectif en proposant une sélection de cinquante destinations, itinéraires et expériences.

Comme dans les éditions précédentes, nous présentons d'abord notre top 10 des pays, des régions et des villes à visiter. Chaque fois, nous privilégions les expériences valorisant le tourisme durable, la solidarité et la diversité. Mais, pour aller plus loin encore, nous proposons dans ce *Best of* 2024 un florilège spécifique des destinations écoresponsables. Enfin, à une époque où de nombreux pays souffrent de l'inflation, nous avons établi une liste des destinations offrant le meilleur rapport qualité/prix.

Ce *Best of du voyage 2024* est le fruit d'un travail d'équipe qui a consisté

à recueillir et synthétiser les avis et idées des auteurs, des rédacteurs et des équipes tout entières de Lonely Planet. Cette année, nous avons bénéficié de l'expertise des nombreux contributeurs *in situ* qui nous ont rejoints récemment. Est-ce l'effet de l'engouement renouvelé que connaît le voyage ? Nous avons reçu bien plus de suggestions enthousiasmantes qu'il n'en fallait pour ce livre ! Notre panel d'experts et d'auteurs du monde entier a ensuite classé ces propositions selon leur catégorie, leur originalité et ce fameux critère "coup de cœur", décisif pour qu'une destination ait sa place dans le *Best of...* Comme toujours, nous serions ravis d'avoir vos impressions sur nos choix, de savoir là où nous avons visé juste et, peut-être, ce à côté de quoi nous pourrions être passés.

1 Loch Inchard, dans le Flow Country, à l'extrême nord de l'Écosse

Sur les premières marches du podium pour 2024 : les steppes de Mongolie, le cyclotourisme à travers les Balkans sur la Trans Dinarica, et l'exploration de Nairobi, au Kenya, l'une des villes les plus dynamiques d'Afrique. Des recommandations de voyage écoresponsable en Espagne et à prix doux dans le Midwest américain complètent ce trio gagnant. Vous trouverez dans chaque top 10 nombre d'autres destinations sur tous les continents, du Donegal en Irlande aux paysages de désert spectaculaires d'Algérie, en passant par la nature sauvage de Kangaroo Island et les plages bordées de forêt de Sainte-Lucie.

Depuis la dernière publication du *Best of* de Lonely Planet, le monde du voyage a retrouvé sa vigueur. La reprise s'est faite cahin-caha d'abord, le temps que le secteur se remette en marche et parvienne à répondre de nouveau à la demande. Mais, en dépit de quelques obstacles, quel plaisir de retrouver l'émerveillement de l'ailleurs !

LE MEILLEUR DU VOYAGE EN 2024

QUELLE EST LA MEILLEURE DESTINATION DU MOMENT ?

C'est la question la plus âprement discutée chez Lonely Planet. À nous tous, passionnés de voyages, nous parcourons chaque année des centaines de milliers de kilomètres et explorons – presque – tous les lieux à visiter sur la planète.

Quelle est la meilleure destination du moment ? Telle est la question que nous posons à toutes nos équipes, des auteurs aux éditeurs, mais aussi à notre grande famille de voyageurs, blogueurs et twitteurs. Le résultat ? Des centaines de lieux, furieusement tendance ou injustement ignorés, mais toujours riches de découvertes et d'activités.

S'ensuit une période de débats passionnés, et, après le passage à la moulinette de nos experts maison, nous obtenons une liste de destinations choisies pour leur actualité, leur originalité et leur capacité à surprendre.

Autant dire que vous avez entre les mains la crème de la crème des destinations, sélectionnées par les spécialistes de Lonely Planet : 10 pays, 10 régions, 10 villes, 10 destinations bon marché et 10 destinations écoresponsables. Une véritable source d'inspiration pour mener vos explorations !

Nos choix pour cette année cherchent autant à vous inspirer qu'à répondre à vos attentes nouvelles. Vous êtes de plus en plus nombreux à être en quête d'expériences uniques et authentiques pour vivre les destinations au plus près. Vous êtes de plus en plus sensibles à l'impact des trajets sur l'environnement, et mesurez la valeur de chaque instant de votre voyage.

En une sorte de clin d'œil aux pays indissociablement liés à l'histoire de Lonely Planet, nous avons revisité l'Inde, la Thaïlande et le Kenya. Mais nous nous réjouissons aussi à l'idée de vous présenter de nouveaux venus comme le Nicaragua, le Bénin ou l'Ouzbékistan.

Nos suggestions visent également à apporter un regard neuf sur les classiques. Vous appréciez la randonnée ? Et si vous tentiez le chemin de Compostelle portugais, ou encore les sentiers qui traversent le Pays de Galles, et que desservent de nouvelles gares ferroviaires. Vous souhaitez voyager en Europe ? La renaissance des trains de nuit offre un moyen formidable de parcourir de longues distances tout en limitant son impact sur le climat.

Tant d'aventures sont possibles en 2024 ! Nous emprunterons notre mot de la fin à Tony et Maureen Wheeler dans *Across Asia on the Cheap* : "Tout ce que vous avez à faire, c'est de décider de partir. Et le plus dur est fait. Alors, lancez-vous !"

2 Vue sur les Pitons de Sainte-Lucie **3** Meubles artisanaux peints à la main, Tanger, Maroc **4** Le lac McDonald, dans le Glacier National Park, aux États-Unis

Écosse septentrionale
Donegal
Montana
Montréal
OCÉAN PACIFIQUE NORD
AMÉRIQUE DU NORD
Pays basque
Kansas City
Philadelphie
OCÉAN ATLANTIQUE NORD
Maroc
Mexique
Sainte-Lucie
Manaus
AMÉRIQUE DU SUD
Chili
OCÉAN PACIFIQUE SUD
OCÉAN ATLANTIQUE SUD
Pays du top 10
Villes du top 10
Régions du top 10

EUROPE
Prague
Paris
Saalfelden Leogang
Croatie
Mostar
Toscane
Balkans occidentaux
İzmir
Ouzbékistan
Mongolie
ASIE
Pakistan
Inde
OCÉAN PACIFIQUE NORD
AFRIQUE
Bénin
Thaïlande du Sud
Nairobi
Côte swahilie
OCÉAN INDIEN
Jakarta
AUSTRALIE
Kangaroo Island
OCÉAN AUSTRAL

LONELY PLANET

LE BEST OF DU VOYAGE 2024
TOP 10
DES PAYS

Mongolie / Inde / Maroc / Chili / Bénin
Mexique / Ouzbékistan / Pakistan / Croatie / Sainte-Lucie

LE BEST OF DU VOYAGE 2024

MONGOLIE

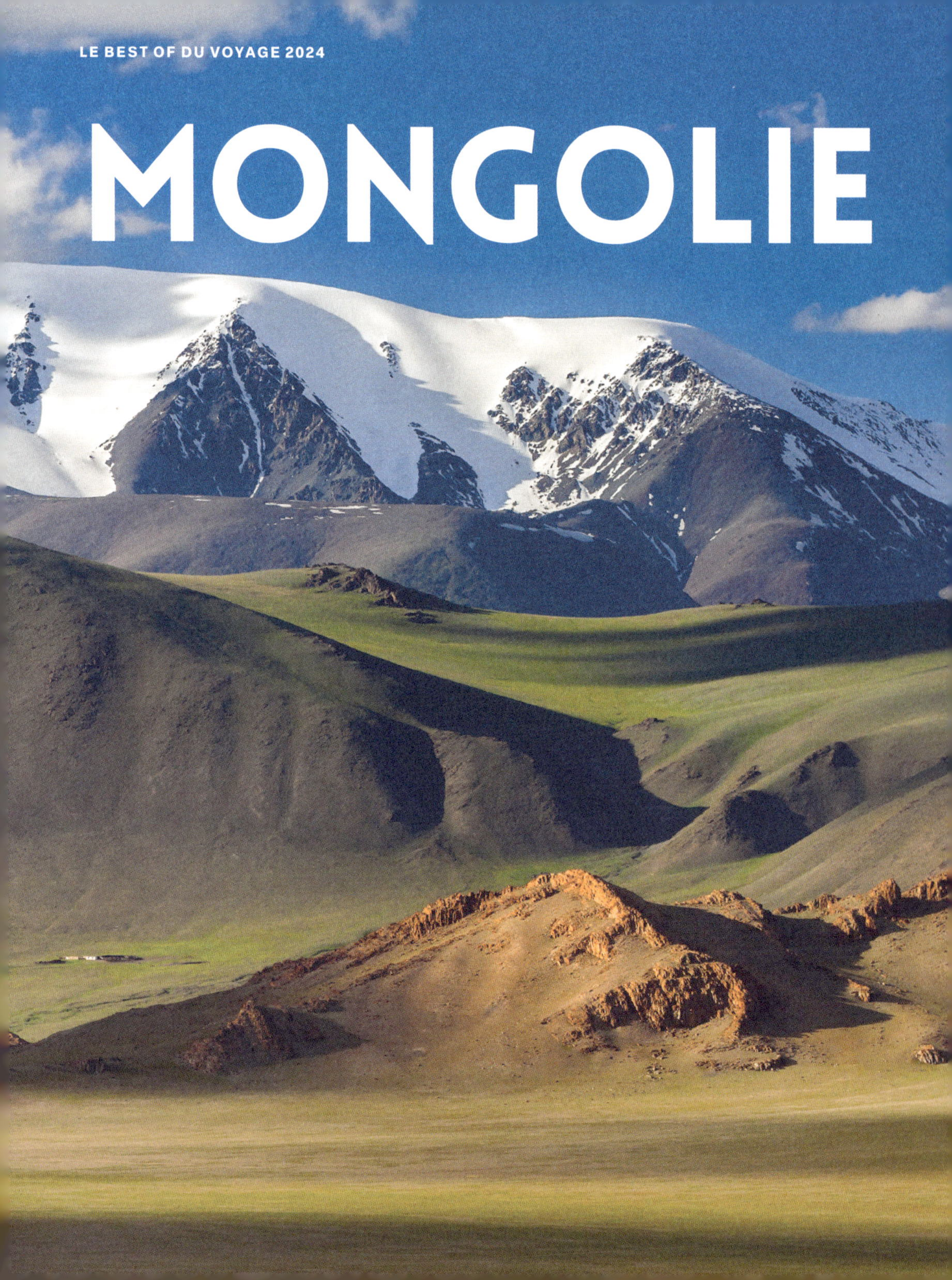

01

La Mongolie a de quoi combler les amateurs de grands espaces, d'aventure et de culture. Quant à sa capitale, fourmillant d'activités, elle est riche de nombreuses curiosités. On imagine parfois inaccessible ce pays pris entre la Russie et la Chine, étant donné le contexte géopolitique. Pourtant la Mongolie ouvre grand ses portes aux visiteurs : une campagne pour la promotion du tourisme a même simplifié l'obtention des visas jusqu'en 2025.

Retour sur la scène touristique

La Mongolie a repris son souffle après deux années difficiles, au cours desquelles la pandémie a paralysé économie et tourisme. Les habitants renouent avec le divertissement,

1 Anton Petrus/Getty Images © 2 Taylor Weidman/Getty Images ©

3 Michal Vit/Shutterstock ©

Les incontournables

01 **L'ensemble Tumen Ekh**, dont la musique traditionnelle enchanteresse résonne à Oulan-Bator les soirs d'été.

02 **Les raviolis à la vapeur**, plat typique à déguster de préférence au cœur de la steppe avec une famille nomade.

03 **L'effervescence d'un Naadam**, où les athlètes locaux se mesurent les uns aux autres entre courses de chevaux, tir à l'arc et lutte.

04 **Une expédition dans les montagnes** sur un cheval mongol, la race qui aida Gengis Khan à conquérir une grande partie de l'Eurasie.

et l'on voit foisonner bars, restaurants et discothèques. Après des mois de confinement, les citadins s'élancent aussi à la conquête des grandes étendues, des lacs et des rivières. Le gouvernement, pour encourager également le retour des visiteurs étrangers, a déclaré 2023 et 2024 "Années pour visiter la Mongolie". Pour des séjours allant jusqu'à 30 jours, les citoyens de 34 pays sont exemptés de visa, et ce jusqu'à fin 2025. Cela concerne la France comme la majeure partie de l'Europe, l'Australie et la Nouvelle-Zélande, outre les 27 pays déjà exempts d'obligation de visa. Afin d'encourager le tourisme, Mongolian Airlines (MIAT) prévoit une liaison sans escale avec les États-Unis. Francfort et Istanbul proposent des vols directs. Depuis 2021, les vols atterrissent au nouvel aéroport international Chinggis Khaan, à 50 km au sud d'Oulan-Bator.

Capitale et curiosités

Après avoir touché terre à Oulan-Bator, mettez le cap sur le musée national Gengis Khan, inauguré en 2022. Celui-ci retrace toute l'histoire mongole, accordant une large part au règne du célèbre guerrier qui fonda au XIIIe siècle le plus vaste empire continu au monde. Dans le centre-ville, admirez les réalisations urbanistiques, et notamment les nouveaux parcs, voulus par le maire d'Oulan-Bator, un double champion olympique de lutte entré en politique. Pour une expérience insolite, rendez-vous à la fête de l'Aigle royal (qui devrait se tenir les 14 et 15 septembre 2024), à 1 600 km à l'ouest d'Oulan-Bator. Les tribus kazakhes s'y affrontent lors d'une

4

5

4 Anton Petrus/Getty Images © 5 Jane Sweeney/AWL Images © 6 Stella sophie / Shutterstock ©

J'aime les grandes étendues mongoles. On n'y ressent plus aucune contrainte de temps : il règne juste un sentiment d'espace et de sérénité. Dans le désert de Gobi ou la steppe, mon stresss s'évanouit.

Oyungerel Tsedevdamba, auteur

chasse à l'aigle avec de fausses proies. Ce rendez-vous haut en couleur a été rendu célèbre en 2016 par le film documentaire d'Otto Bell, *La Jeune Fille et son aigle*.

Nord et Sud

Si les routes notoirement accidentées restent un passage obligé pour quitter Oulan-Bator, des autoroutes traversent désormais la Mongolie et, d'ici 2024, un axe à quatre voies vers Darkhan devrait voir le jour, réduisant les temps de trajet vers le nord. Au sud, le nouveau musée de la Nature et de l'Histoire du Gobi, à Dalanzadgad, présente avec élégance les célèbres fossiles de dinosaures trouvés dans ce désert. La clé de voûte de l'exposition est un *Tarbosaurus bataar*, un cousin du *Tyrannosaurus rex*. Visiter la capitale ancestrale qu'est Kharkhorin est l'occasion de s'arrêter au nouveau centre de calligraphie mongole Erdenesiin Khuree, où l'on peut contempler de remarquables calligraphes à l'œuvre.

Honneur à la tradition

Les musées fournissent des clés de compréhension précieuses, mais, pour

6

réellement appréhender la Mongolie, rien de tel que de s'aventurer dans les steppes. Si vous plantez votre tente près d'un campement de bergers nomades, ceux-ci lieront volontiers conversation et vous offriront du yaourt frais. Profitez, si vous le pouvez, d'une excursion en jeep pour découvrir un Naadam : ces fêtes locales traditionnelles chères aux Mongols déploient deux ou trois jours durant courses de chevaux, concours d'archers et combats acharnés.

1 Parc national de Tsambagarav Uul, dans l'Altaï extrême-occidental **2** Joueur de *morin khuur* dans le temple Choïjin Lama à Oulan-Bator **3** Une capitale en plein essor **4** Camping sous la Voie lactée dans le désert de Gobi **5** Représentations bouddhiques dans le temple Choïjin Lama **6** Chasse à l'aigle royal

Comment s'y rendre

Le nouvel aéroport d'Oulan-Bator est la porte d'accès la plus facile. Les trains depuis Pékin, interrompus par la pandémie, reprendront peut-être d'ici 2024.

Quand partir

La Mongolie gagne à être visitée l'été, lorsque la campagne et les steppes se parent d'un vert cru. En juillet, des localités dans tout le pays organisent leur Naadam. Le mois d'août promet la meilleure météo.

À lire

Gengis Khan et les Dynasties mongoles de Jack Weatherford, pour une mise en contexte historique.

SHIV GANGA SILK

02

INDE

Après le frein imposé aux voyages par la pandémie, l'Inde fait son retour sur la scène touristique. De nouveaux vols relient l'Europe à des destinations prisées comme Delhi, Bombay, Goa et le Kerala, et un nouveau réseau de transports se développe dans les États du Nord-Est. En rénovation, les lignes ferroviaires se voient dotées de trains flambant neufs. Que ce soit pour étancher une envie de *dosa* ou pour faire le plein de temples, c'est le moment idéal pour visiter ce pays tout en couleurs.

L'Inde en accès direct

Après les difficultés qu'ont connues de nombreuses compagnies aériennes privées indiennes – illustrées par la cessation d'activité

1 Matt Munro/Lonely Planet © 2 Nicholas Pitt/Getty Images ©

Les incontournables

01 **Les temples**, des sculptures érotiques de Khajuraho aux gopuras (tours richement décorées) du Sud.

02 **L'Himalaya** : le nord de l'Inde est jalonné de sommets, de stations de montagne et de chemins de randonnée.

03 **La cuisine**, déclinant toutes les nuances de la culture indienne, et puisant dans un éventail d'épices spectaculaire.

04 **Les marchés**, pour s'imprégner des images, des sons et des parfums savoureux de l'Inde, comme à Chandni Chowk (Delhi).

3 rchphoto/Getty Images ©

de grands noms tels que Kingfisher ou Jet Airways –, les vols directs avec l'étranger s'étaient fait plus rares, mais la compagnie nationale Air India a aujourd'hui repris son expansion avec des vols sans escale vers le monde entier. En particulier, Londres Gatwick, qui était déjà relié à Delhi, Bombay et Goa, l'est aussi, depuis le printemps 2023, à des villes de taille plus modeste comme Ahmedabad, dans le Gujarat, ou Amritsar, dans le Pendjab.

Arriver dans de plus petites villes a de nombreux avantages : la concurrence est moins rude pour les hôtels et les transports, et il est facile de rejoindre les régions moins fréquentées. Amritsar peut être pratique pour rejoindre les paysages himalayens de l'Himachal Pradesh ou du Ladakh. Pour explorer le Gujarat et ses parcs nationaux peuplés d'animaux sauvages, Ahmedabad permet d'esquiver les foules du Rajasthan. Enfin, Londres, facilement accessible depuis la France, offre des tarifs compétitifs.

Trains et transport fluvial

Malgré des accidents parfois spectaculaires, mais fort heureusement de plus en plus rares, le réseau

1 Ghats de Bénarès sur les berges du Gange **2** Repas à Goa **3** House-boats sur les backwaters du Kerala **4** Plantation de thé à Munnar **5** Rafting en eaux vives sur le Gange à Rishikesh, dans les contreforts de l'Himalaya **6** Filets de pêche traditionnels chinois, un emblème du port méridional de Cochin.

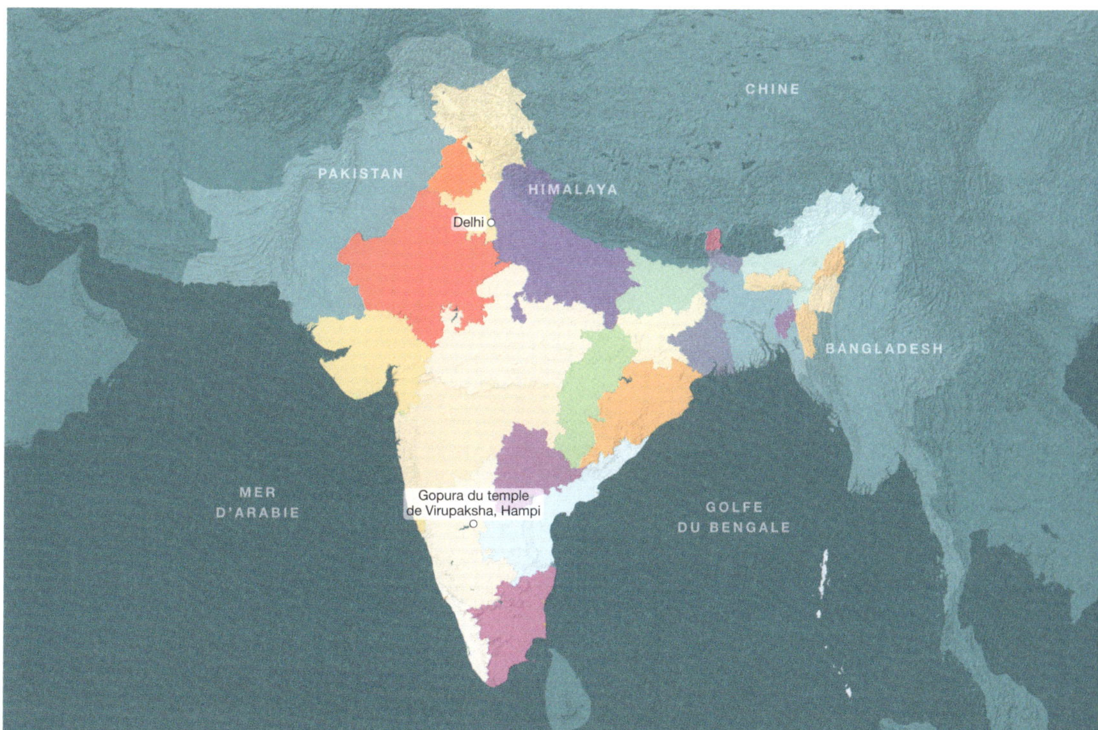

Pour savourer l'Inde authentique, prenez le thé au marché d'Old Delhi, puis partez en rickshaw dénicher des épices dans les ruelles.

Nadeem Sheikh, voyagiste, Delhi

ferroviaire indien connaît une modernisation accélérée ces dernières années. Le temps des wagons grinçants et usés touche à son terme : le pays investit dans un nouveau matériel qui devrait transformer le voyage ferroviaire en Inde.

Les trains Vande Bharat, à la forme aérodynamique, apparaissent sur les lignes interurbaines et périurbaines dans tout le pays, permettant de gagner plusieurs heures sur les axes majeurs, le tout avec un maximum de confort (sièges rotatifs en classe affaires, toilettes...).

Les infrastructures ferroviaires ont été améliorées partout, rendant plus plaisants les trajets, des contreforts de l'Himalaya aux plages du Sud. Prévoyez au moins, dans votre programme, un long voyage en train : se réveiller dans une couchette filant à travers les plaines procure une impression inoubliable !

Si vous préférez le bateau, laissez-vous tenter par la plus longue croisière fluviale au monde. Le *Ganga Vilas* vogue sur près de 3 200 km entre l'Inde et le Bangladesh, au fil du Gange, du Brahmapoutre et d'autres fleuves majestueux.

Relier les capitales du Nord-Est

Presque isolés du reste du pays, les sept États du Nord-Est ont toujours fait figure de confins

sauvages de l'Inde. Mais leurs villages de montagne, leurs cascades rugissantes, leurs ponts de racines et leurs 145 communautés tribales sont sur le point de devenir beaucoup plus accessibles.

Le gouvernement indien a établi un nouveau plan d'action pour relier d'ici 2025 les capitales de ces États : Guwahati (Assam), Shillong (Meghalaya), Itanagar (Arunachal Pradesh), Kohima (Nagaland), Imphal (Manipur), Aizawl (Mizoram) et Agartala (Tripura), par des liaisons ferroviaires et aériennes.

C'est le bon moment pour explorer - avant que les touristes ne soient plus nombreux - ces reliefs enchanteurs, leurs communautés à la riche culture et leur jungle foisonnante. Entre vallées de l'Himalaya émaillées de monastères bouddhiques et forêts tropicales parsemées de maisons sur pilotis aux toits de chaume, l'Inde a encore de quoi surprendre…

Comment s'y rendre

Des vols directs relient déjà Paris à Delhi, et relieront bientôt Paris à Bombay. L'accès par la voie terrestre est possible depuis le Pakistan vers le Rajasthan, ou depuis le Tibet vers l'Inde du Nord via le Népal. Vérifiez les politiques frontalières et les conditions de sécurité.

Quand partir

À moins de vous rendre au Ladakh, évitez la période mai-septembre, pour échapper aux pluies de la mousson. Pour le reste du pays, l'hiver (octobre-avril), sec et plus frais, est idéal.

À lire

Les Enfants de minuit de Salman Rushdie, *L'Équilibre du monde* de Rohinton Mistry et *Le Dieu des petits riens* d'Arundhati Roy.

LE BEST OF DU VOYAGE 2024

MAROC

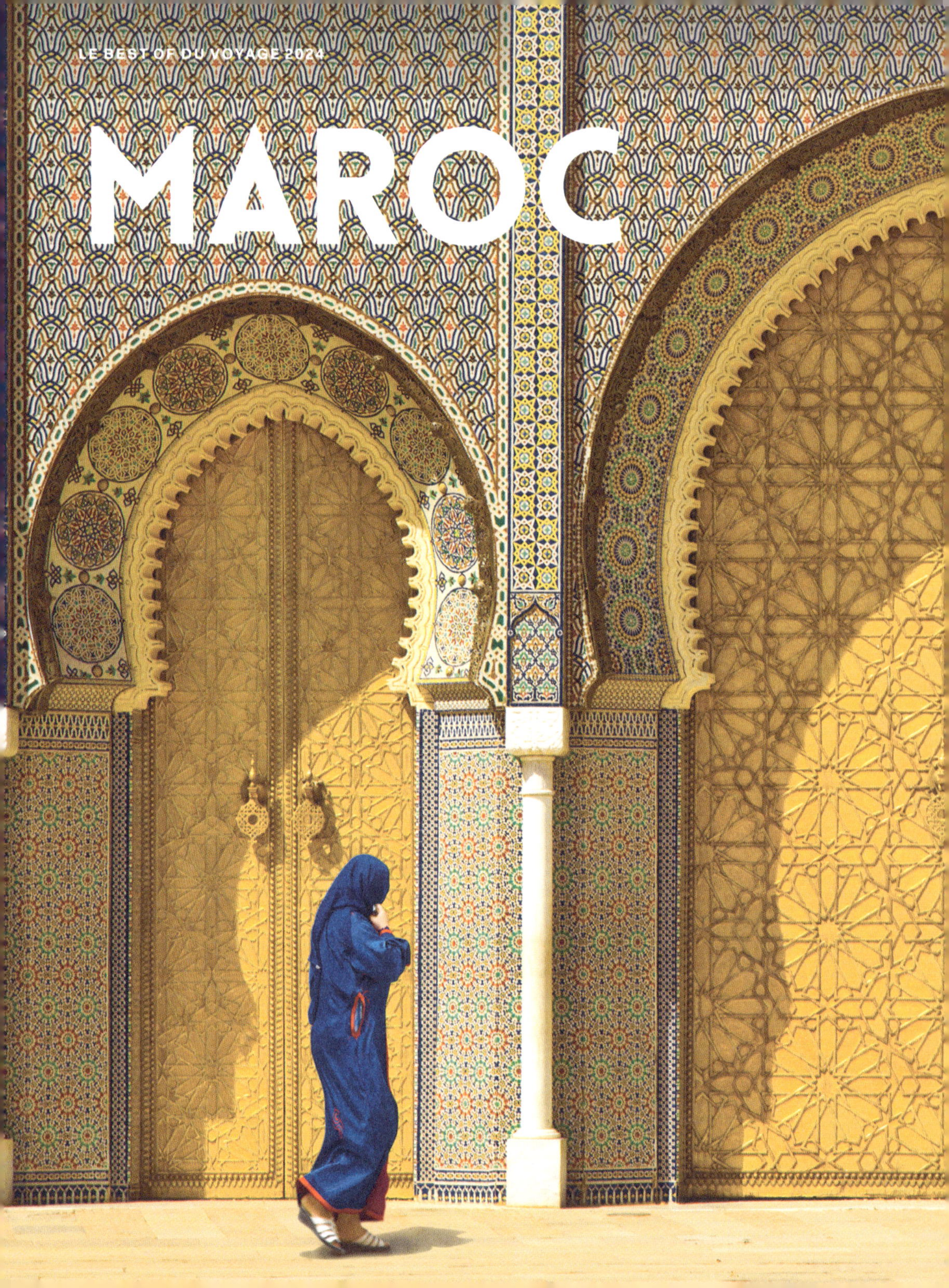

03

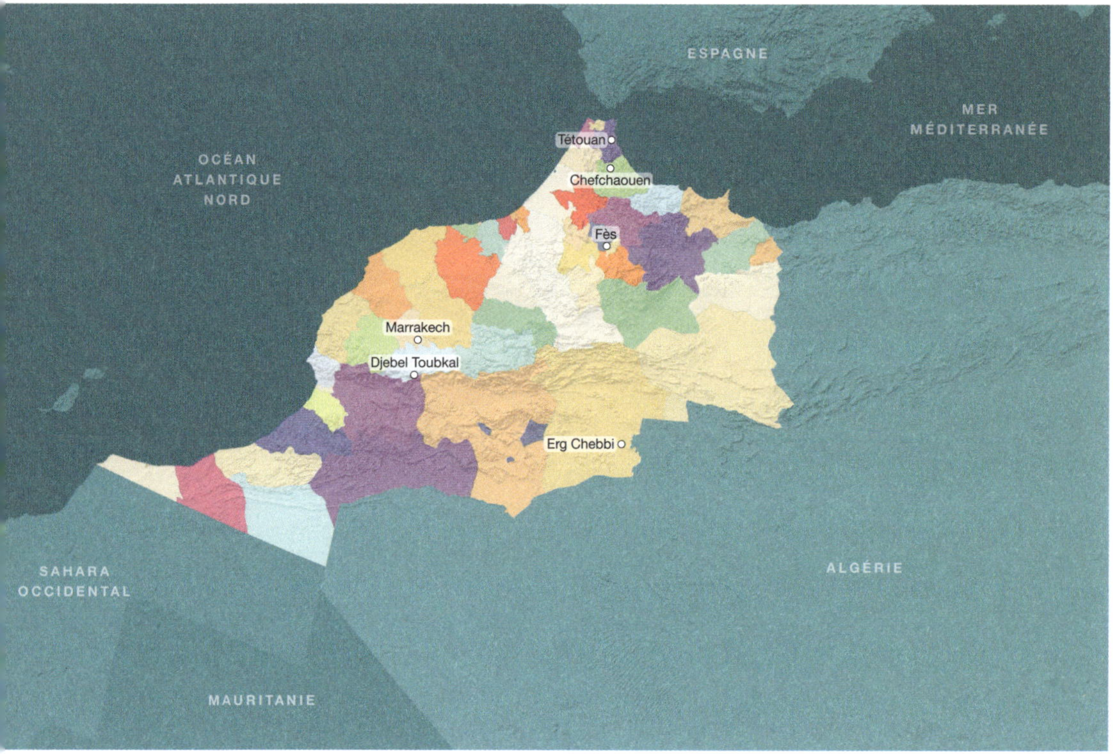

Explorer le Sahara à dos de dromadaire, faire des trouvailles dans un souk de Marrakech, visiter l'étonnante cité bleue de Chefchaouen… Le Maroc offre des expériences intemporelles. Mais si le pays a fait parler de lui dernièrement, c'est pour d'autres raisons encore ; entre la performance historique de l'équipe marocaine lors de la dernière Coupe du monde de football, son accession au rang de grande destination de surf mondiale et le retour du festival musical Mawazine, 2024 est l'année parfaite pour visiter le pays !

1 Ugurhan Betin/Getty Images © **2** pepmiba/Getty Images ©

2

Sur la lancée de la Coupe du monde

Le triomphe en 2022 des Lions de l'Atlas, première équipe du Maghreb à atteindre la demi-finale de la Coupe du monde de football, a été un moment fort, et l'excitation n'est jamais tout à fait retombée depuis.

Le Maroc, théâtre pour la troisième fois en dix ans de la Coupe du monde des clubs de la FIFA en 2022, a ainsi proposé d'accueillir la Coupe du monde 2030, et la Coupe d'Afrique des Nations en 2025. Il est très probable que 2024 voie se dérouler un match amical entre les Lions de l'Atlas et une équipe internationale. Qui plus est, plusieurs joueurs de l'équipe nationale marocaine s'illustrent généralement au cours de la Botola Pro (championnat du Maroc de football). Même sans être fan du ballon rond, l'atmosphère électrique des matchs et leurs tifos colorés valent le détour.

Un paradis du surf

Si Maroc est synonyme, pour beaucoup, de médinas et de désert de dunes, qu'on ne s'y trompe pas : c'est avant tout un pays côtier ! Son littoral, partagé entre l'Atlantique et la Méditerranée, est le septième d'Afrique en longueur.

Le rivage atlantique marocain est devenu une destination de surf de calibre mondial. En 2022, le pays accueillait à Taghazout la Surf Expo, première compétition professionnelle de surf en Afrique. D'autres manifestations de ce type verront probablement le jour. Pour autant, même les surfeurs novices ou de niveau intermédiaire trouveront leur bonheur au Maroc. À Essaouira en particulier, les conditions sont excellentes, et plusieurs espaces de coworking et de coliving attendent même les nomades numériques.

Les incontournables

01 **Le djebel Toubkal**, plus haute montagne d'Afrique du Nord, dans le Haut Atlas : un circuit de 7 jours permet d'en atteindre le sommet (4 167 m).

02 **Les dunes de l'erg Chebbi** dans le désert de Merzouga, à explorer à dos de dromadaire en dormant à la belle étoile.

03 **Les souks de Marrakech, Fès ou Tétouan**, dédales où se perdre parmi les étals de vêtements, d'artisanat et d'épices.

04 **La médina de Chefchaouen**, vieille ville à la fois typique et insolite aux rues bleu ciel.

4

Comment s'y rendre

De nombreux vols relient la France au Maroc ; franchir le détroit de Gibraltar depuis l'Espagne est également possible. Au Maroc, le TGV Al Boraq relie Casablanca à Tanger.

Quand partir

Le printemps et l'automne sont les meilleures périodes : vous pourrez randonner dans les montagnes sans être gêné par la chaleur ni par la neige.

À lire

Avant de partir, lisez *Le Pays des autres*, de Leïla Slimani, le premier tome d'une fresque retraçant la vie d'un couple franco-marocain.

Rejoindre la côte méditerranéenne sera bientôt encore plus rapide grâce à la mise à niveau complète de la ligne ferroviaire grande vitesse longeant la côte atlantique jusqu'à Tanger. Les écrivains de la Beat Generation ont quitté cette ville, mais leurs repaires - comme le Cafe Hafa ou le Gran Cafe de Paris - demeurent. Sur le front de mer, la Tanja Marina Bay, une étincelante marina inaugurée en 2018, a donné un nouveau visage à la ville avec sa promenade en bois, ses boutiques de luxe, ses restaurants et sa discothèque.

Une ribambelle de festivals

Après trois ans d'absence, le festival Mawazine de Rabat fait un retour triomphant en 2024. L'événement, qui a vu défiler des têtes d'affiche comme Jennifer Lopez, Rihanna ou David Guetta, attire des millions de fans de musique et propose 90% de spectacles gratuits.

Venez goûter un bol d'escargots des montagnes, immortaliser nos rues bleues, prendre un cours de cuisine marocaine... et ne manquez pas Chefchaouen, la ville la plus accueillante du Maroc !

Chef Abdelghani Rhani, Chefchaouen

Plus intimiste mais non moins captivant, le Festival international du conte de Marrakech prépare sa troisième édition en février. Des conteurs du monde entier s'y réunissent pendant une semaine, partageant leur art et animant des ateliers.

En 2024, guettez aussi le Festival des amandiers de Tafraoute (février), le Festival international des nomades de M'hamid El Ghizlane (mars) et le Festival de Fès des musiques sacrées du monde (juin). N'oubliez pas que le ramadan s'étend du 10 mars au 9 avril : à cette période, il ne sera peut-être pas possible de vous restaurer avant le coucher du soleil.

1 Trois des sept portes dorées ornant le palais royal de Fès **2** Plats à tajine en vente à Chefchaouen **3** Une porte finement ouvragée dans la "cité bleue", Chefchaouen **4** Surf sur l'Atlantique à Taghazout **5** Casablanca, plus grande ville du Maroc **6** Ruelles ombragées de la médina de Tanger

CHILI

04

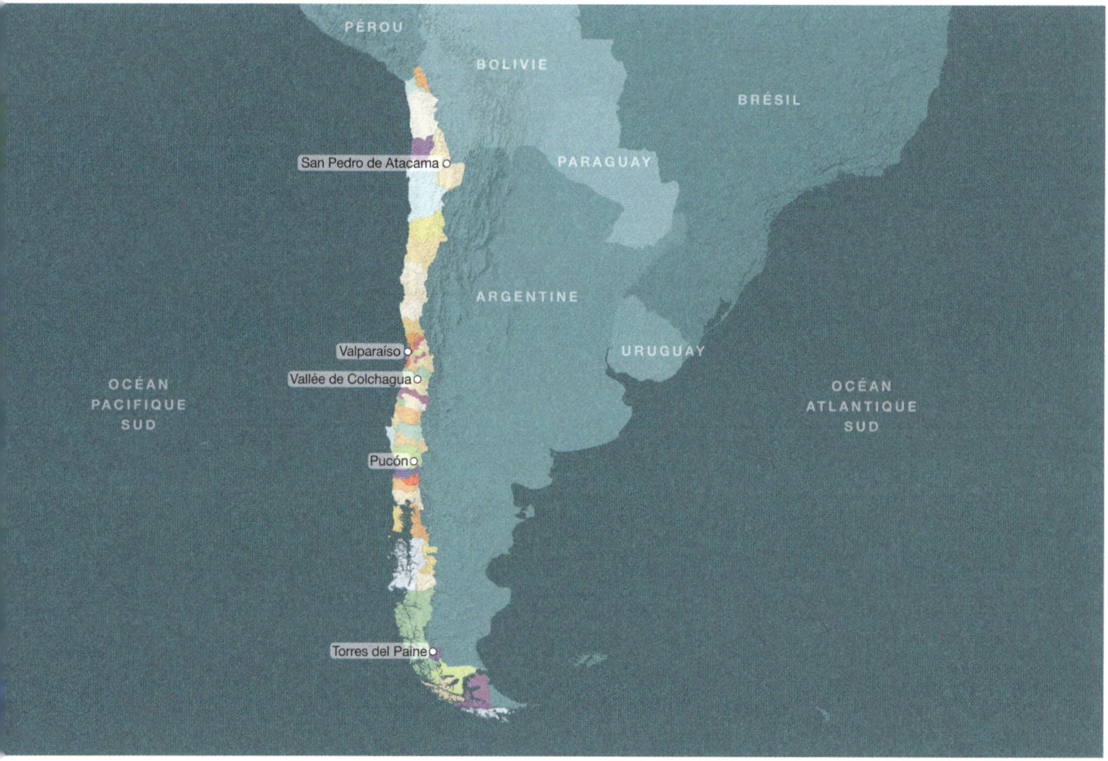

Extension des régions protégées, arrivée au pouvoir d'un président au programme novateur, élaboration d'une Constitution plus équitable : il y a du changement dans l'air au Chili, un pays qui rassemble déserts de sel, forêts humides, volcans, glaciers et fjords sur une longueur de 4 720 km. Dans la capitale, Santiago, les chefs révèlent tout le potentiel des produits locaux, tandis que, dans des vallées longtemps oubliées, les vignerons découvrent des méthodes de travail plus naturelles. La lointaine Rapa Nui (l'île de Pâques) réinvente son rapport au tourisme pour un avenir plus durable, pendant que les initiatives de réensauvagement restaurent la grande biodiversité de la Patagonie.

1 Philip Lee Harvey/Lonely Planet © 2 Eric Lafforgue/Lonely Planet ©

Feu et glace

Dans l'Atacama – désert non polaire le plus sec de la Terre –, le village-oasis de San Pedro attire comme un aimant les touristes en quête de déserts de sel aveuglants, de vallées lunaires et de sites archéologiques isolés. Mais, en 2024, les raisons d'explorer d'autres régions ne manquent pas… Le Chili, terre de tous les extrêmes, semble animé d'une énergie nouvelle. Près d'Arica, tout au nord du pays, un musée flambant neuf hébergera les plus vieilles momies du monde. Dans les fjords brumeux de Patagonie, Punta Arenas dispute à sa rivale argentine Ushuaïa le titre de pôle logistique pour la recherche et le tourisme en Antarctique : les navires d'expédition sont de plus en plus nombreux à prendre la mer dans cette ville australe. Quant à l'île de Pâques (Rapa Nui), territoire chilien en plein Pacifique, elle mise aujourd'hui sur la qualité en matière de tourisme : le nombre de vols a été réduit et l'accès au parc rendu plus coûteux afin d'encourager les séjours plus longs. Les habitants ont profité de leurs 868 jours de confinement pour embellir leurs rues, ramasser 10 tonnes de déchets sous-marins, faire vivre leur langue polynésienne et planter plus de 1000 potagers en vue de rendre l'île autonome. Dans le centre du Chili, ce sont les vignobles qui ont été métamorphosés par des petits producteurs faisant la part belle aux vins naturels. Ils s'ouvrent de plus aux touristes, notamment dans les vallées d'Itata et de Maule.

Pour un avenir plus écologique

Cette dernière décennie, le Chili a considérablement développé ses parcs nationaux. Dans le sud du pays, beaucoup sont situés

Les incontournables

01 **Le trek W de Torres del Paine**, cinq jours de randonnée au cœur des paysages montagneux saisissants du principal parc national de Patagonie.

02 **La vallée de Colchagua**, pour déguster le cépage emblématique du Chili, le carménère, dans de superbes domaines.

03 **Pucón**, capitale chilienne des sports d'aventure, entre volcans, forêts humides tempérées et sources chaudes.

04 **Valparaíso**, cité portuaire merveilleusement chaotique aux venelles abruptes et multicolores, couvertes de street art.

3 Fotos593/Shutterstock © 4 Jonathon Gregson/Lonely Planet © 5 Steve Allen/Shutterstock © 6 Philip Lee Harvey/Lonely Planet ©

sur “route des parcs” (p. 199) : certains, comme le Parque Nacional Patagonia, sont à l’avant-garde d’un projet de réensauvagement visant notamment pumas, nandous et huemuls, une espèce de cerfs en danger. Les deux parcs les plus récemment créés se trouvent au nord : le Parque Nacional Desierto Florido protège une partie de l’Atacama méridional que tapissent les fleurs après les fortes pluies, tandis que les glaciers du Parque Nacional Glaciares de Santiago dominent la capitale.

Renouveau à Santiago

Un soulèvement contre les inégalités initié en 2019 a été suivi de changements majeurs dans le pays, particulièrement perceptibles dans l’agglomération de Santiago, où vivent 40% des Chiliens. Deux ans de manifestations massives ont ouvert la voie à l’élection du réformateur Gabriel Boric (âgé alors de 35 ans) sur un programme de défense de l’environnement, des droits des indigènes et des LGBTQI+, et de l’égalité entre les sexes – des valeurs qu’intégrera peut-être la nouvelle Constitution (sa deuxième ébauche était prévue en 2023). Rompant avec les conventions, Boric a emménagé dans le Barrio Yungay, le quartier ouvrier de Santiago, dont les édifices classés et les rues couvertes de graffitis connaissent une vogue nouvelle. Les lieux les plus

Les Andes centrales sont la plus haute chaîne de montagnes au monde après l’Himalaya. Comparées aux Alpes ou aux Rocheuses, elles sont bien plus sauvages.

Martín Le-Bert, directeur d’Andes Santiago

actuels de la ville se situent d'ailleurs dans des quartiers traditionnellement défavorisés, à l'image de la Pulpería Santa Elvira, excellent restaurant chilien qui revisite les classiques familiaux, ou encore du vieux bâtiment industriel de la Factoría Franklin, où pullulent galeries d'art, distilleries de gin et brasseries artisanales. Les déplacements deviennent de plus en plus faciles, avec un réseau de métro en expansion constante et une flotte de bus électriques particulièrement vaste. Autre facette de la capitale : les Andes qui la surplombent, au titre desquelles Santiago mène une campagne pour devenir la "capitale mondiale du tourisme de montagne" d'ici 2030.

1 Flamants roses dans le salar de Tara, près de San Pedro de Atacama **2** Moai sur l'île de Pâques **3** Barrio Yungay, Santiago **4** Puma dans le Parque Nacional Torres del Paine **5** Vignes dans le Valle de Colchagua **6** Parque Nacional Torres del Paine

Comment s'y rendre

L'aéroport international de Santiago accueille des vols en provenance d'Europe (vols directs depuis Paris notamment) et d'Amérique.

Quand partir

Il n'y a pas de mauvaise période pour se rendre au Chili, mais chaque région a sa saison optimale : l'été austral (jan-mars) pour la Patagonie, la région des lacs et les stations balnéaires côtières, et l'hiver (juil-sept), pour skier sur les pentes des Andes. Les deux tiers sud du pays reçoivent le gros des précipitations annuelles en hiver. En automne, on fête les récoltes dans les vallées viticoles, et le paysage est au plus vert dans les Andes centrales au printemps. Dans le désert d'Atacama et sur l'île de Pâques, les saisons influent peu sur le climat.

BÉNIN

05

Quoique minuscule comparé à son voisin le Nigeria, à l'est, ce bijou d'Afrique de l'Ouest joue dans la cour des grands en matière de charme, d'histoire et d'influence culturelle. Site historique du royaume du Dahomey, qui s'épanouit aux XVIIIe et XIXe siècles, le Bénin est aussi le berceau spirituel du vaudou, une religion fascinante et souvent incomprise. Les voyageurs avertis se précipitent sur ses plages bordées de palmiers et dans ses parcs nationaux, parmi les plus beaux d'Afrique de l'Ouest.

Sur les traces de l'Histoire

L'histoire du Bénin est passionnante à explorer, du patrimoine architectural afro-brésilien

1 Catherina Unger/AWL Images © **2** anthony pappone/Getty Images ©

Les incontournables

01 La fête nationale du Vaudou à Ouidah, le 10 janvier de chaque année : célébrations, chants, danses, couleurs et fétiches.

02 Le village sur pilotis de Ganvié, sur le lac Nokoué, surnommé la "Venise de l'Afrique".

03 Le parc national de la Pendjari, pour sa savane et sa faune remarquable - lions, éléphants, guépards et léopards.

04 Abomey, cœur ancestral du puissant royaume du Dahomey et autrefois berceau de ses guerrières emblématiques.

3 Eric Lafforgue/Art in All of Us/Getty Images ©

de Porto Novo, la capitale officielle, aux Minos du royaume fon du Dahomey, ces amazones qui fascinent depuis longtemps les étrangers. En 2022, le film *The Woman King*, en portant à l'écran ces combattantes emblématiques, a renouvelé cet intérêt, et de nombreux visiteurs se pressent aujourd'hui au musée des palais royaux d'Abomey, classés au Patrimoine mondial. En pleine entreprise de réappropriation de son patrimoine historique, le Bénin est en passe de devenir la première destination d'Afrique de l'Ouest en matière d'art et de culture. L'ouverture d'un musée de l'Épopée des Amazones et des Rois du Dahomey, au cœur des palais royaux, est prévue dans les deux prochaines années. Il racontera la grandeur de l'empire Dahomey à travers 26 œuvres restituées par la France et 350 objets d'art.

Une culture intemporelle

Au Bénin, la scène artistique est en plein essor depuis l'ouverture à Cotonou de la fondation Zinsou, l'un des premiers musées d'art contemporain d'Afrique subsaharienne (une antenne a également vu le jour à Ouidah). En 2024, le pays sera présent à la biennale de Venise, où il aura pour la première fois son pavillon national.

1 La pirogue, mode de transport de prédilection à Ganvié **2** Un village traditionnel tanéka, dans l'Atakora du Nord **3** Grande mosquée de Porto Novo **4** Marché de la cité d'Abomey **5** Rond-point de l'Étoile rouge à Cotonou, plus grande ville du Bénin **6** Un danseur egungun avec son masque

4 Olga Solan, the art photographer/Shutterstock © 5 BENIN DRONE LAB/Shutterstock © 6 Nigel Pavitt/John Warburton-Lee Photography Ltd/AWL Images ©

Nous apprécions énormément le caractère accessible du Bénin, son patrimoine culturel, ses jolies plages et, surtout, son savant mélange de tradition et de modernité. Ici, tout paraît possible.

Stéphane Brabant et Armelle Adjovi, Afrikafun, MSK Concept et FIWÊ

Mais la culture contemporaine n'est pas la seule à séduire les visiteurs. Les traditions ancestrales du Bénin ont un fort attrait, surtout le vaudou. Chaque année, le 10 janvier, la cité historique de Ouidah, dans l'ouest de la côte, célèbre la fête nationale du Vaudou. L'influence de ce système de croyances – bien loin des représentations simplistes que l'on en fait - est encore palpable de l'autre côté de l'Atlantique, dans les cultures afro-brésilienne, haïtienne et cubaine : les descendants d'esclaves souvent arrachés à ce littoral en conservent certaines pratiques. Un voyage au Bénin ne serait d'ailleurs pas complet sans avoir foulé la plage de Ouidah, où la Porte du non-retour commémore l'embarquement de force des Africains réduits en esclavage vers le Nouveau Monde. Ces plages sont devenues un lieu de pèlerinage pour la diaspora africaine.

Beautés naturelles

Le Bénin déploie une étonnante variété de paysages, des plages atlantiques bordées de palmiers à la savane aride du Nord. Grâce aux initiatives de préservation du gouvernement,

le parc national de la Pendjari est devenu une des grandes réserves naturelles d'Afrique de l'Ouest (une région qui a perdu nombre de ses grands mammifères), rivalisant avec ses homologues plus célèbres d'Afrique de l'Est et du Sud. Vous croiserez certainement des éléphants, des buffles et des lions et, avec un peu de chance, pourrez même observer guépards et léopards (vérifiez toutefois les conditions de sécurité à la frontière burkinabée avant de vous rendre sur place). Envie d'une excursion sur l'eau ? Rendez-vous au village lacustre de Ganvié ou optez pour un tour en pirogue sur la Rivière noire : tout près de la capitale, Porto Novo, vous voguerez, au niveau du village d'Adjarra, parmi d'innombrables nénuphars.

Attendez-vous à trouver partout un accueil chaleureux, des routes bien entretenues, de bons hôtels et des restaurants vibrant aux rythmes afrobeat. C'est le moment de découvrir ces trésors avant que les touristes ne soient plus nombreux !

Comment s'y rendre

Des vols directs desservent Cotonou depuis la France, la Belgique et plusieurs pays d'Afrique.

Quand partir

Le Bénin connaît une saison humide et une saison sèche. La saison humide, un peu moins chaude, s'étend de mai-juin à septembre, et elle est marquée par de fortes averses. La saison sèche, de novembre à février, est idéale. La fête nationale du Vaudou se déroule chaque année le 10 janvier.

À lire

Le Vice-Roi de Ouidah par Bruce Chatwin, l'histoire d'un négrier brésilien sur la côte des Esclaves au XVIIe siècle.

06

MEXIQUE

Emprunter une ligne de train flambant neuve pour rejoindre des plages caribéennes et des vestiges mayas, contempler une éclipse solaire depuis le sable doré de Mazatlán, faire un road trip sur la côte rocailleuse du Oaxaca, jalonnée de villes balnéaires insouciantes... En 2024, les raisons de visiter le Mexique ne manquent pas !

À bord du train maya

Le nouveau Tren Maya ("train maya") et son circuit de 1554 km dans le sud-est du Mexique devraient révolutionner les voyages dans la péninsule du Yucatán. Dans cette région également connue pour sa cuisine savoureuse et sa riche culture indigène, il sera désormais possible de visiter l'admirable site maya de Chichén Itzá, avant de plonger sur les

1 Bisual Studio/Stocksy United © 2 Thomas Barwick/Getty Images ©

Les incontournables

01 **Une éclipse solaire** à Mazatlán, suivie d'un repas chez El Presidio, dans un bâtiment du XIXe siècle superbement restauré.

02 **La Casa Kalmar**, sa piscine à débordement et ses chambres avec vue sur l'océan, à Zipolite.

03 **Les ruines mayas de Tulum** et ses *cenotes* (bassins souterrains où l'on peut se baigner) : des paysages éblouissants.

04 **Le train maya,** pour explorer les énigmatiques sites mayas de Palenque, surgissant d'une jungle brumeuse où se balancent les singes hurleurs.

3 Kelli Hayden/Shutterstock ©

récifs à Puerto Morelos, puis de terminer par un verre dans un bar de plage branché de Tulum. Le train desservira aussi l'aéroport de Cancún, principal point d'accès à la péninsule. La création de cette voie ferrée, projet colossal du président Obrador, a toutefois suscité la controverse. Si elle a généré des milliers d'emplois, et vise à ouvrir au tourisme les communautés méconnues de l'arrière-pays, elle pose par ailleurs question, quant au risque de surtourisme, et en termes de développement durable. Les écologistes craignent notamment que le poids des trains ne cause l'effondrement du fragile réseau souterrain de rivières et de *cenotes*.

Éclipse totale

Le 8 avril 2024, la station balnéaire de Mazatlán, sur la côte pacifique, sera le théâtre d'une éclipse totale de soleil : installé sur la superbe plage, vous n'aurez plus qu'à enfiler vos lunettes de protection et regarder le disque lunaire grignoger peu à peu celui du soleil, avant de voir, au maximum du phénomène, l'obscurité engloutir pendant plus de quatre minutes le paysage. Pour profiter du spectacle loin de l'agitation du centre, vous pourrez choisir de mettre le cap, au sud-est de la vieille ville, sur l'Isla de la Piedra et sa longue plage frangée de cocotiers. Vous y trouverez de quoi vous sustenter dans une des *palapas* (paillotes) sans prétention. Si vous souhaitez découvrir les sites naturels de Mazatlán, le prestataire Onca Explorations organise des circuits axés sur la protection et la découverte de la faune, permettant notamment d'observer des baleines

4 Justin Foulkes/Lonely Planet © 5 Karen Doody/Stocktrek Images/Getty Images © 6 Bisual Photo/Shutterstock ©

Zipolite ravivera à coup sûr votre flamme intérieure ! Ici, vous avez toutes les chances de trouver l'inspiration, d'exprimer votre créativité, d'admirer des œuvres d'art spectaculaires et des performances étonnantes. En un mot, de vous sentir libre !

April Shannon, propriétaire de l'atelier de joaillerie Taller la Joya à Zipolite, Oaxaca

(de décembre à avril), des dauphins et des oiseaux (toute l'année).

Plages

Dans le sud-ouest du pays, une nouvelle autoroute permettra de rallier les plages de la splendide côte pacifique méridionale en 3 heures seulement depuis Oaxaca. C'est tout un chapelet de stations balnéaires à l'ambiance détendue qui deviendront plus facilement accessibles. Après avoir observé à Puerto Escondido les surfeurs du Mexican Pipeline, un spot aux vagues phénoménales, vous pourrez rejoindre Zipolite, au sud-est, une agréable enclave hippie, renommée pour ses plages naturistes, ses hébergements LGBTQI+-friendly et son ambiance bohème. Au cœur de l'animation : la longue plage, et l'Avenida Roca Blanca, où se succèdent restaurants de poisson et fruits de mer, terrasses de bars et hôtels délibérément

rudimentaires. Si le farniente vous lasse, partez découvrir l'artisanat produit à Piña Palmera, un centre de rééducation pour personnes handicapées : jouets en bois, objets de papier recyclé etc. Direction ensuite Zircolite, une école du cirque accueillante où l'on enseigne l'acrobatie, la jonglerie de feu et la danse africaine… La station voisine de Mazunte évoque beaucoup Zipolite par son atmosphère.

1 Cactus géants dans le Jardín Etnobotánico, Oaxaca **2** Tacos, l'en-cas national **3** Sculptures artisanales de San Martín Tilcajete **4** Dans l'animation du Mercado Benito Juárez de Oaxaca **5** Plongée dans un *cenote* de la Riviera Maya **6** Antique cité zapotèque de Monte Albán

Comment s'y rendre

Depuis la France, des vols directs desservent Cancún et Mexico. De nombreux vols relient les grandes villes des États-Unis et du Mexique.

Quand partir

En janvier et février, le temps sec et relativement frais est appréciable dans les destinations côtières humides, et l'on peut observer des baleines sur la côte pacifique. Le carnaval de Mazatlán a lieu en février.

À lire

L'Histoire véridique de la conquête de la Nouvelle-Espagne, Mémoires passionnants du fantassin conquistador Bernal Díaz del Castillo. *Le Labyrinthe de la solitude*, du Prix Nobel Octavio Paz, réflexion sur l'identité mexicaine.

OUZBÉKISTAN

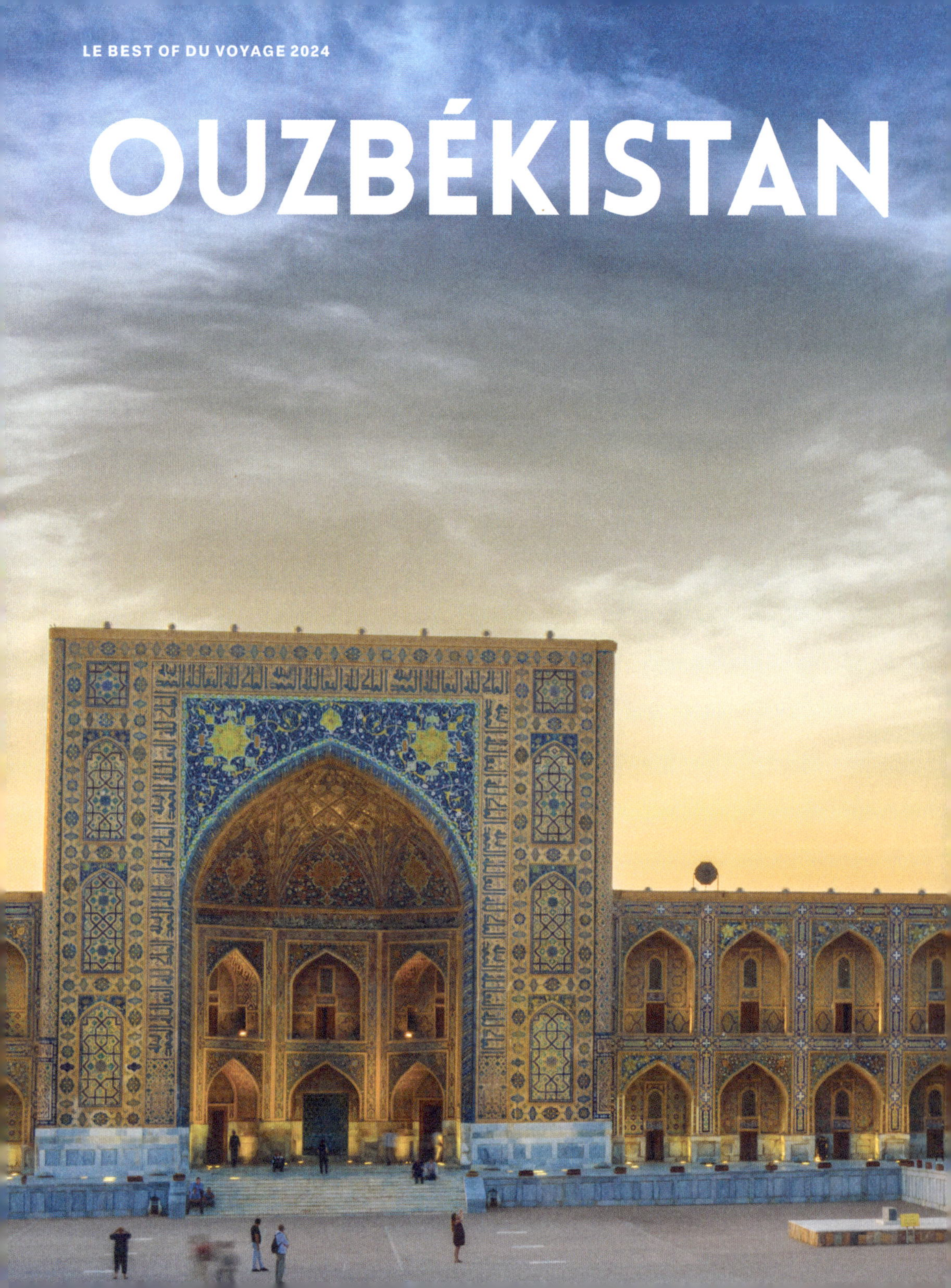

07

D'oasis en oasis, sur les sables des déserts ouzbeks du Kyzylkoum et du Karakoum, le touriste d'aujourd'hui emprunte les routes commerciales des siècles passés. Bien qu'un réseau pratique de vols domestiques et une ligne de TGV aient remplacé les caravanes de chameaux qui circulaient jadis entre des villes fortifiées prospères, les pôles culturels de Samarcande, Boukhara et Khiva évoquent encore l'époque de la route de la soie. Au nord, sous les forteresses en ruine des monts Nouratau, un projet de tourisme communautaire accueille les visiteurs souhaitant vivre au rythme des bergers locaux.

1 monticello/Shutterstock © 2 NICOLA MESSANA PHOTOS/Shutterstock ©

Les incontournables

01 **Le Registan de Samarcande**, ancien cœur de l'Empire timouride, et ses immenses madrasa.

02 **Le Liab-i-Hauz à Boukhara**, pour prendre un thé avec les anciens ou marchander avec les commerçants des bazars couverts.

03 **Le minaret Islam-Khodja à Khiva**, pour une vue splendide sur la forteresse d'Itchan-Qala et le désert qui s'étire au-delà.

04 **Les monts Nouratau**, pour randonner sur les anciens sentiers de bergers, puis loger et dîner chez l'habitant.

3 angela Meier/Shutterstock ©

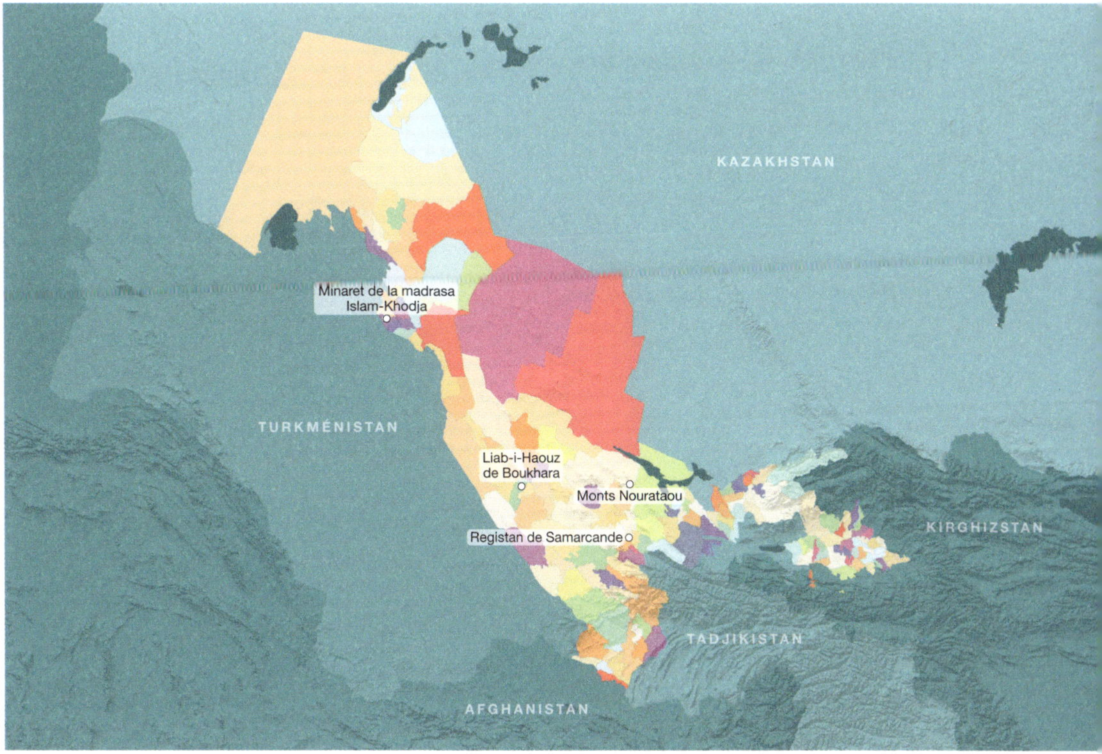

Villes de la route de la soie

Pendant des millénaires, des légions de marchands ont transporté de la soie de Chine et des dattes de Perse sur la route de la soie, faisant des villes ouzbèkes qui la jalonnent des pôles culturels et commerciaux ancestraux. À partir du IVe siècle, rendues prospères par le commerce et les butins de guerre, les cités-oasis de Samarcande, Boukhara et Khiva devinrent de véritables empires médiévaux, dominant la région ; elles restèrent des émirats indépendants jusqu'à leur intégration à l'Empire russe, à la fin du XIXe siècle.

Facilement accessibles en train ou en avion depuis Tachkent, la capitale, ces trois villes conservent chacune un charme distinct. Samarcande est surtout connue pour son Registan, la place centrale entourée de trois imposantes madrasa (écoles religieuses), mais ne manquez pas les mosaïques du Gour-Emir, le mausolée de Tamerlan – fondateur de l'Empire timouride qui s'étendait de l'actuelle Turquie à l'Inde –, et Chah-e-Zinda, la nécropole saisissante où reposent ses proches et ses conseillers.

Boukhara marie plus nettement histoire et modernité : ses rues médiévales rayonnent des bassins de la place centrale, Liab-i-Hauz, vers des quartiers résidentiels entremêlés de mosquées et de madrasa. Les coupoles marchandes, très prisées et jadis consacrées chacune à un métier (changeurs, chapeliers, joailliers, tapissiers), débordent d'étals de souvenirs. Mais, si les articles ne sont plus les mêmes, leur caractère commercial et international prolonge les traditions de la route de la soie.

4 Mauricio Abreu/AWL Images © 5 Mauricio Abreu/AWL Images © 6 Damon Lynch/500px ©

Après Samarcande, découvrez la ruralité ouzbèke. Je recommande Ohalik, un village de pierre traditionnel proche des chemins de randonnée, propice aux rencontres et aux visites.

Abdu Samadov, guide touristique installé à Samarcande

Dans l'ouest du pays, Khiva, la plus reculée des trois villes, commence seulement à attirer autant de visiteurs que ses homologues. Avec sa vieille ville, Itchan-Qala, elle est souvent qualifiée de musée à ciel ouvert, du fait de son degré de préservation. Khiva a été nommée capitale touristique du monde islamique pour 2024 et, avec l'achèvement imminent de la ligne de TGV depuis Boukhara, l'afflux touristique devrait battre les records actuels.

Traditions et forteresses anciennes

À l'écart des routes commerciales anciennes, de petites communautés sont longtemps restées cachées dans les basses vallées des monts Nourataou. Au nord des grandes villes de la route de la soie, la plupart des localités sont gardées par des forteresses effritées à flanc de falaise. Les sentiers des bergers qui les relient sont empruntés aujourd'hui par les habitants et les touristes.

Dans les petits villages du Nourataou, collectivisés à l'époque soviétique, l'indépendance ouzbèke, à partir de 1991, s'est accompagnée d'un retour aux traditions. Depuis 2016 et l'élection du président Chavkat Mirzioïev, l'Ouzbékistan

encourage le libéralisme et a simplifié la création des petites entreprises. Les pensions familiales se multiplient, accueillant les randonneurs explorant la région à la journée ou sur plusieurs jours de village en village, à pied ou à cheval.

Entrer en Ouzbékistan est également devenu plus facile. Pour les citoyens de plus de 80 pays (dont la France et le reste de l'U.E.), aucun visa n'est nécessaire pour un séjour ne dépassant pas 30 jours.

1 Le Registan, place vedette de Samarcande
2 Nécropole de Chah-e-Zinda, classée au Patrimoine mondial **3** Échappée rurale dans les monts Nouratau
4 Dîner en terrasse sur le Liab-i-Hauz, à Boukhara
5 Pain frais dans le bazar Tchorsou, à Tachkent
6 Boukhara, ville emblématique de la route de la soie

Comment s'y rendre

La plupart des visiteurs atterrissent à Tachkent, la capitale, ou à l'aéroport (plus petit) de Samarcande. Les plus intrépides empruntent la route de la soie en provenance du Kazakhstan, du Kirghizstan ou du Tadjikistan.

Quand partir

Les meilleures périodes (avril-mai et septembre-octobre) sont aussi les plus courues. L'hiver, les températures sont basses mais supportables, et les touristes sont plus rares.

À lire

La Danse des démons de Hamid Ismailov, *Le Grand Jeu* de Peter Hopkirk et *L'Ombre de la route de la soie* de Colin Thubron.

08

PAKISTAN

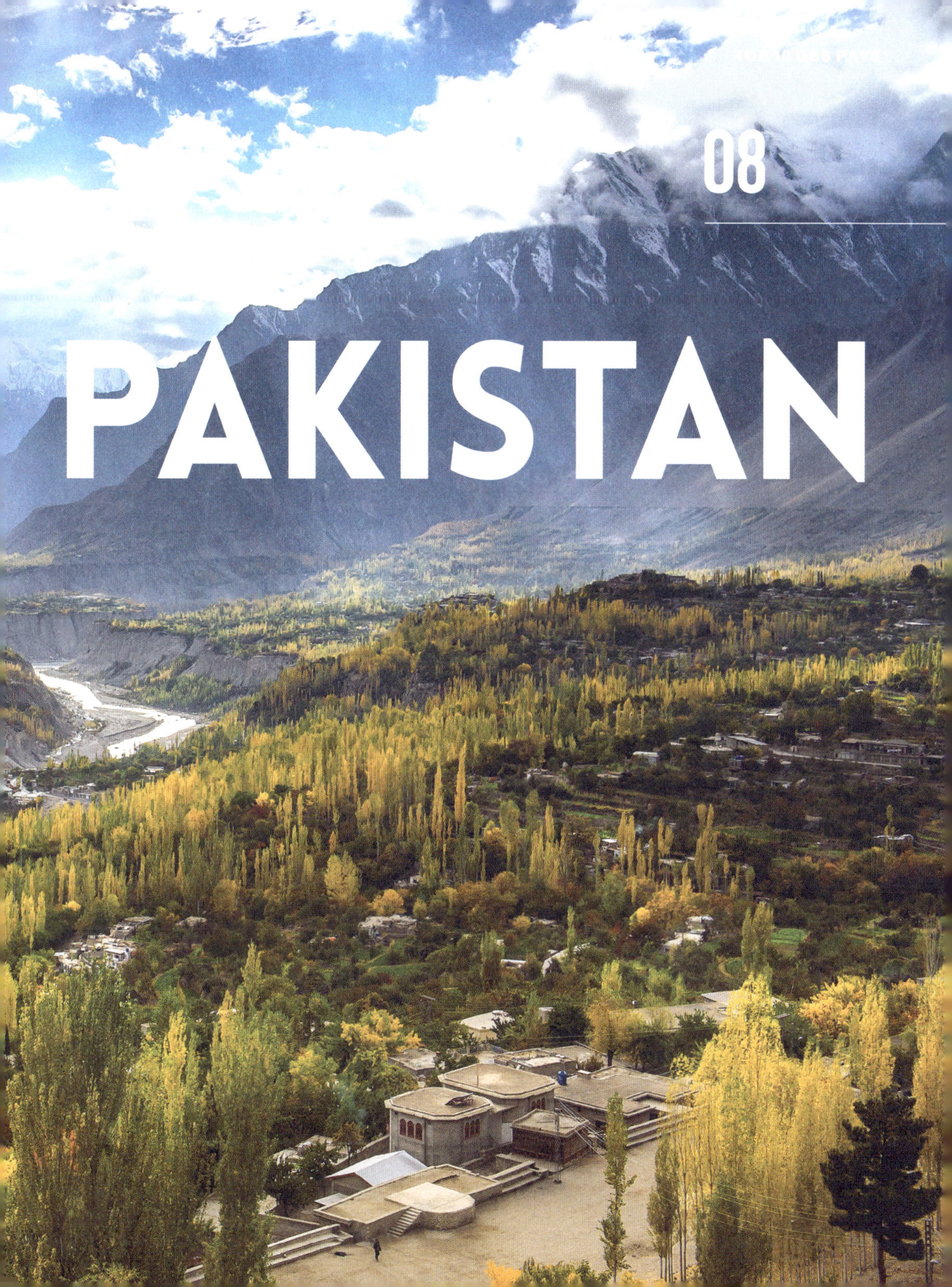

Le Pakistan est largement méconnu du grand public en tant que destination touristique, tant son image est affectée, depuis plusieurs décennies, par l'instabilité que connaît le pays, entre menaces terroristes et tensions politiques. Si visiter ce pays demande des précautions redoublées, et une attention constante à l'actualité, ce n'est pas pour autant chose impossible. Or le Pakistan réserve des trésors : mosquées mogholes, bazars animés, vallées montagneuses, cols himalayens nimbés de neige...
Une raison supplémentaire de visiter le pays : chaque roupie dépensée au Pakistan participe à sa reconstruction après les inondations dévastatrices de 2022.

1 naihei/Shutterstock © 2 Sun_Shine/Shutterstock ©

Les incontournables

01 **Lahore**, la capitale du Punjab (Pendjab), un dédale de bazars moghols, ponctué de mosquées et teinté de magie.

02 **La route du Karakoram**, un impressionnant itinéraire reliant le Pakistan à la Chine via les hauteurs de l'Himalaya.

03 **Les vallées d'altitude de la Hunza et de Skardu**, pour des paysages d'une beauté exceptionnelle.

04 **La Prairie des fées**, camp de base des alpinistes du Nanga Parbat, pour un trek empreint de silence et de sérénité.

3 Sun_Shine/Shutterstock ©

Un secret bien gardé

On l'oublie parfois à force de n'entendre parler que des difficultés que traverse le Pakistan, mais le pays est d'une incroyable richesse pour le visiteur, entre ses paysages himalayens, les randonnées extraordinaires qu'il promet et un patrimoine historique plongeant ses racines dans l'Empire moghol.

Bien sûr, voyager au Pakistan n'est pas exempt de défis. Les conditions de sécurité nécessitent des précautions : les zones à éviter évoluent en permanence, et les infrastructures laissent parfois à désirer en dehors des villes les plus développées. En revanche, vous serez certain d'y vivre un séjour authentique : le Pakistan respire les couleurs et les saveurs du sous-continent, et les enclaves touristiques y sont extrêmement rares.

Ceux qui sont prêts à tenter l'aventure peuvent s'attendre à des expériences mémorables. La seule évocation de la Prairie des fées entourant le Nanga Parbat, qui culmine à près de 8 126 m, fait briller les yeux des randonneurs et alpinistes. Quant à la route du Karakoram, elle déroule un spectaculaire itinéraire de 1 300 km, du Pakistan à la Chine via les arides vallées d'altitude du Gilgit-Baltistan. Enfin, les bazars de Lahore, Rawalpindi et Karachi, ou encore les forteresses de la Hunza

1 Couleurs d'automne dans la vallée de la Hunza **2** Route du Karakoram **3** Ruelles de Lahore **4** Récolte des pêches dans le nord du Pakistan **5** Coulisses de la Fashion Pakistan Week à Karachi **6** Vue sur le Nanga Parbat depuis la Prairie des fées, dans le Gilgit-Baltistan

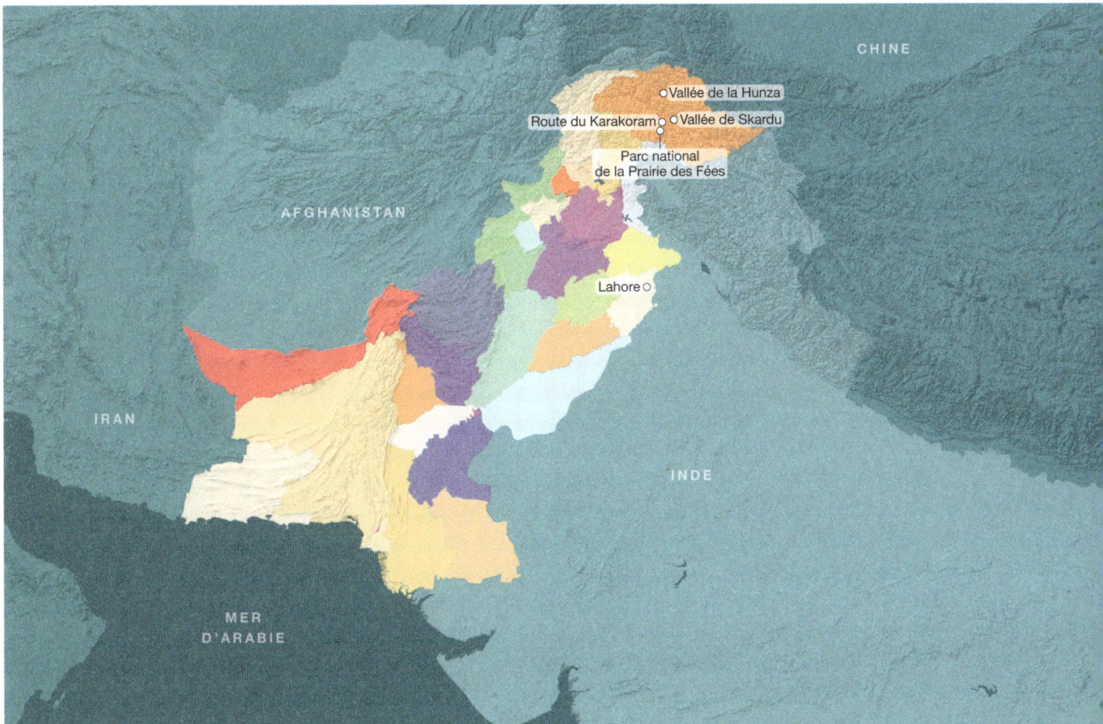

4 Bilalstock/Shutterstock © 5 360/Shutterstock © 6 Sun_Shine/Shutterstock ©

Le peuple du Gilgit-Baltistan est réputé pour son hospitalité et sa gentillesse. Je suis né dans cette région, j'y ai grandi, et j'aime son air frais et ses paysages, des sommets aux glaciers en passant par les lacs et les rivières.

Shahid Hussain, directeur du prestataire d'aventures Trango Adventure

et de Skardu, vous transporteront plusieurs siècles en arrière.

Un tournant important

À l'âge d'or du voyage par voie terrestre, Peshawar et Lahore étaient des étapes incontournables pour les hippies reliant l'Europe à l'Inde. Mais le Pakistan allait bientôt se trouver mêlé aux tensions géopolitiques, avec l'intervention soviétique, puis plus tard américaine, en Afghanistan (dans le contexte respectivement de la guerre froide en 1979, et de la lutte contre le terrorisme après 2001). Par ailleurs, le conflit avec l'Inde sur le statut du Cachemire perdure depuis plus de 75 ans.

Une grande partie du pays reste pourtant accessible. Des agences de voyages et d'aventure proposent leurs services pour faciliter l'organisation de votre séjour ; bénéficier de cet accompagnement peut être précieux. En parallèle, les investissements chinois ont contribué à améliorer les infrastructures de l'ancienne route de la soie, ce qui simplifie

les déplacements dans les montagnes du nord du Pakistan.

Visiter le Pakistan en ce moment, c'est aussi aider le pays à se relever d'une des pires catastrophes naturelles de son histoire : les inondations de 2022, qui ont été attribuées au changement climatique.

Pèlerins psalmodiant leurs *qawwali* (chants de dévotion) dans d'anciens sanctuaires soufis tels que le Data Darbar, à Lahore ; calme et silence dans la Prairie des fées, près du Nanga Parbat… Ce pays surpasse toutes les attentes, et vous comprendrez vite pourquoi ses habitants le surnomment la "terre de la paix".

Comment s'y rendre

Karachi, Lahore et Islamabad sont les principaux accès internationaux. Depuis la France, vols avec escale uniquement. La route du Karakoram, quant à elle, arrive de Kachgar, en Chine.

Quand partir

La période idéale s'étend de mai à octobre, mais le Sud est affecté par la mousson de juin à août ; la région montagneuse du Gilgit-Baltistan, dotée d'un climat sec, échappe à la pluie.

À lire

Attentat à la mangue de Mohammed Hanif, *La Saison des mangues introuvables* de Daniyal Mueenuddin, et *La Honte* de Salman Rushdie.

LE BEST OF DU VOYAGE 2024

CROATIE

09

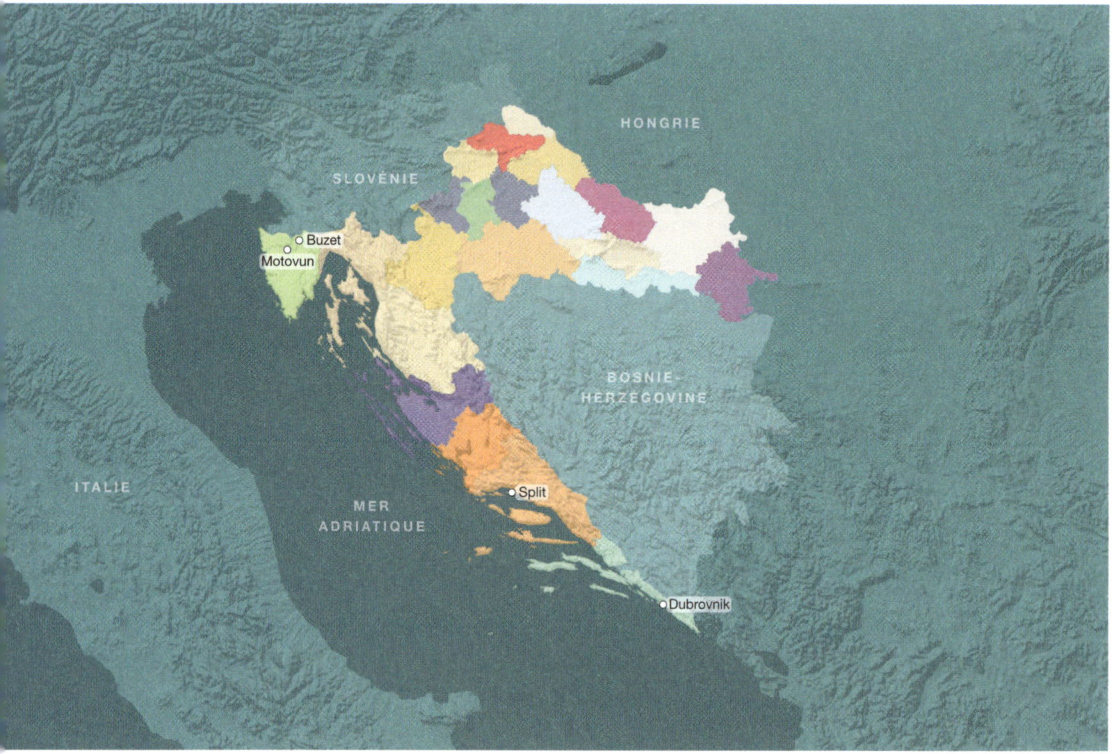

Avec sa côte baignée de soleil, sa nuée d'îles et ses cités fortifiées, la Croatie est une habituée des tops touristiques. Cette destination prisée n'a jamais été aussi accessible que depuis son entrée dans l'espace Schengen et la zone euro, au 1er janvier 2023. Si vous arrivez par la route, plus besoin de présenter vos papiers d'identité ! Et inutile désormais de changer vos devises… Plus que jamais, en 2024, la Croatie vous tend les bras.

Trans-Europe express

La réputation du rivage adriatique de la Croatie n'est plus à faire. Avec plus de 1 200 îles et îlots, ce littoral splendide enchaîne les tableaux de rêve, entre villes anciennes abritées par de robustes remparts et sommets calcaires.

1 canadastock/Shutterstock © 2 Laura Edwards/Lonely Planet ©

2

Certains plaisirs sont immuables, comme celui de paresser au soleil devant des eaux cristallines, ne bougeant de sa chaise longue que pour commander un café ou un verre de vin frais de Dalmatie. Mais la nouveauté, aujourd'hui, est qu'il n'est plus besoin pour cela d'opérer une conversion laborieuse en kunas, l'ancienne monnaie locale : après 10 ans dans l'Union européenne, la Croatie a enfin adopté l'euro.

De même, exit les doubles postes-frontières slovènes et hongrois où il fallait présenter ses papiers d'identité pour entrer en Croatie par voie terrestre. Le gain de temps n'est pas négligeable, d'autant plus qu'il s'ajoute à une autre nouveauté des années récentes, la présence du pont de Pelješac, inauguré en 2022. Celui-ci, en contournant la courte enclave littorale appartenant à la Bosnie-Herzégovine, permet d'aller de Split à Dubrovnik sans quitter le territoire croate.

Magnétisme péninsulaire

Long de 2,4 km, le remarquable pont à haubans et à travées multiples de Pelješac a mis en valeur la péninsule du même nom, longue bande de terre reliée dans sa partie sud au continent. Ce territoire montagneux compte de larges vallées et des criques idylliques. Sur un isthme rattachant la péninsule au continent, une remarquable muraille du XIVe siècle, enjambant la colline sur 5,5 km, relie les villages de Ston et Mali Ston (le "petit Ston"). Ces localités sont connues pour les grandes huîtres plates que l'on y récolte depuis l'époque romaine,

Les incontournables

01 **Dubrovnik**, la plus saisissante des villes fortifiées de Croatie, dont les remparts couleur de miel surgissent d'une mer azur.

02 **Le palais de Dioclétien à Split**, site antique remarquablement préservé au cœur de cette ville majeure de la côte.

03 **Les îles idylliques de la côte**, accessibles grâce à un vaste réseau de ferries.

04 **Les truffes exquises du nord de l'Istrie**, à Motovun et Buzet.

Comment s'y rendre

Parmi les huit aéroports internationaux de Croatie, les plus pratiques sont Zagreb, Split et Dubrovnik. Le pays est aussi desservi par le réseau ferroviaire européen (depuis Paris, changer par exemple à Zurich), et des ferries le relient à l'Italie.

Quand partir

La saison touristique culmine en juillet-août ; en mai-juin et septembre-octobre, les plages sont moins bondées.

À lire

Baba Yaga a pondu un œuf, de Dubravka Ugrešić, *Le Huitième Envoyé*, de Renato Baretić, deux romans à l'ironie mordante.

ainsi que pour la *Stonska torta*, un gâteau de pâtes étonnamment savoureux.

Toute proche, Prapratno possède une très plage de sable et, plus loin sur la péninsule, les côteaux inondés de soleil de Dingač et Postup produisent le meilleur vin rouge de Croatie. La péninsule s'ouvre également sur les îles de Mljet et Korčula, où cohabitent plages, vestiges romains, villes fortifiées et un parc national.

Trésors de l'arrière-pays

La côte est très visitée, mais l'intérieur des terres a aussi beaucoup à offrir. Dans l'arrière-pays, les parcs nationaux de la Krika et des lacs Plitvice sont d'une grande splendeur ; on a peine à en croire ses yeux face aux nuances de vert et de bleu offertes par leurs nombreux lacs.

L'archipel de Vis a une géologie unique en mer Adriatique ; sa diversité est telle que l'Unesco en a récemment fait un géoparc.

Zoran Milosavljević, pêcheur et capitaine

En Istrie, péninsule la plus septentrionale de Croatie, des villages pittoresques s'élèvent au sommet des collines, au-dessus de vignobles, d'oliveraies et de forêts anciennes où poussent les truffes qui font la réputation culinaire de la région. Plus loin dans les terres, la capitale, Zagreb, distille un charme d'Europe centrale. On y trouve d'excellents musées et galeries d'art, et une véritable culture du café.

Enfin, au fil des terres agricoles bucoliques du Zagorje, du Međimurje et de la Slavonie se dessine une facette plus rustique de la Croatie. Un pays qui compense décidément sa modeste taille par la diversité des découvertes qu'il réserve.

1 Dubrovnik et son téléphérique **2** Costume traditionnel à Primošten, sur la côte **3** Kayak dans les eaux bleues, près de Dubrovnik **4** Le nouveau pont de Pelješac, qui relie les deux parties du pays **5** La vieille ville de Zagreb évoque davantage l'Europe centrale que la Méditerranée **6** Truffes d'Istrie

SAINTE-LUCIE

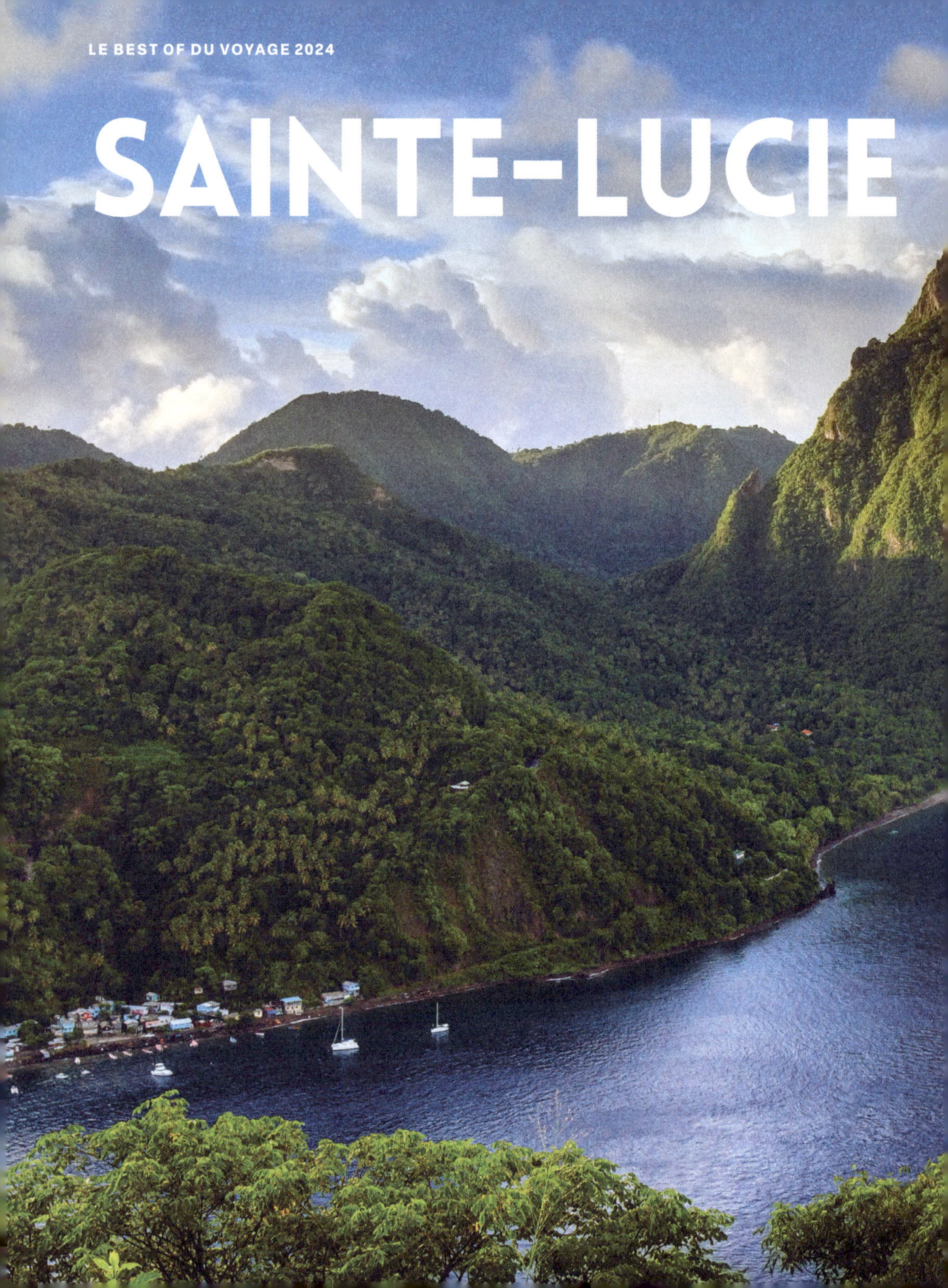

10

Flots azurés et plages de sable blanc dessinent à grands traits le portrait de cette île ensoleillée, qui pourrait figurer en bonne position au classement des meilleures destinations de voyage de noces. L'état d'esprit actuel des responsables du tourisme à Sainte-Lucie est cependant de mettre en avant auprès des visiteurs l'authenticité, la culture locale, le riche patrimoine de l'île, ses traditions uniques et sa créativité. Une nouvelle approche qui s'applique aussi à la cuisine, mêlant des influences africaines, indiennes, britanniques et françaises. Autant de pistes pour un séjour en immersion totale dans les Caraïbes en 2024, loin des séjours clés en main habituels.

1 Paul Baggaley/Getty Images © 2 Orietta Gaspari/Getty Images ©

Les incontournables

01 **Les délicieuses glaces d'Au Poye Park**, sur le domaine de la famille Charles à Fonds Gens Libre.

02 **La boulangerie Thomazo Local Bread**, véritable institution de Dennery où déguster un pain antillais garni de fromage ou de charcuterie.

03 **L'Irie Bar**, oasis de plage du village de Gros Islet, à la pointe nord de l'île, pour une halte décontractée avec boissons fraîches, cuisine savoureuse et excellente ambiance.

3 Wireimage/Getty Images ©

Une reprise en fanfare

À Sainte-Lucie, l'heure est enfin revenue de prendre du "bon tan" ! Après la trêve de trois ans imposée par le Covid-19, les fêtes ont repris sur l'île. C'est d'abord le grand retour d'un festival de musique international majeur des Caraïbes : le Jazz & Arts Festival de Sainte-Lucie, qui célèbre le patrimoine insulaire. Son volet artistique inclut la danse, le théâtre et la cuisine locale. L'édition 2024 du festival s'annonce impressionnante, avec à l'affiche des noms tels que Sting (titulaire de 17 Grammy Awards), la légende du reggae Buju Banton et la reine du gospel CeCe Winans. Les amateurs ont intérêt à réserver bien à l'avance !

Cet événement en mai est suivi d'un autre grand festival rythmant la basse saison touristique de l'île : le carnaval de juillet, qui a également repris de plus belle. Les semaines précédant son grand final coloré sont ponctuées d'événements annexes tels que des tours en bateau, des petits déjeuners festifs et des fêtes dans l'eau. Mais le clou du spectacle reste sans aucun doute le cortège paré de bijoux et de plumes qui ondule au rythme d'une ligne de basse de soca hypnotique.

1 Les pitons de Sainte-Lucie, emblèmes de l'île **2** Canaries, un village coloré de la côte ouest **3** Alison Hinds, artiste de soca, en concert au Jazz & Arts Festival de Sainte-Lucie **4** Le chocolat se déguste à toute heure **5** Les forêts de l'intérieur, propices aux tyroliennes **6** Mer bleu Caraïbes dans la baie de Canaries

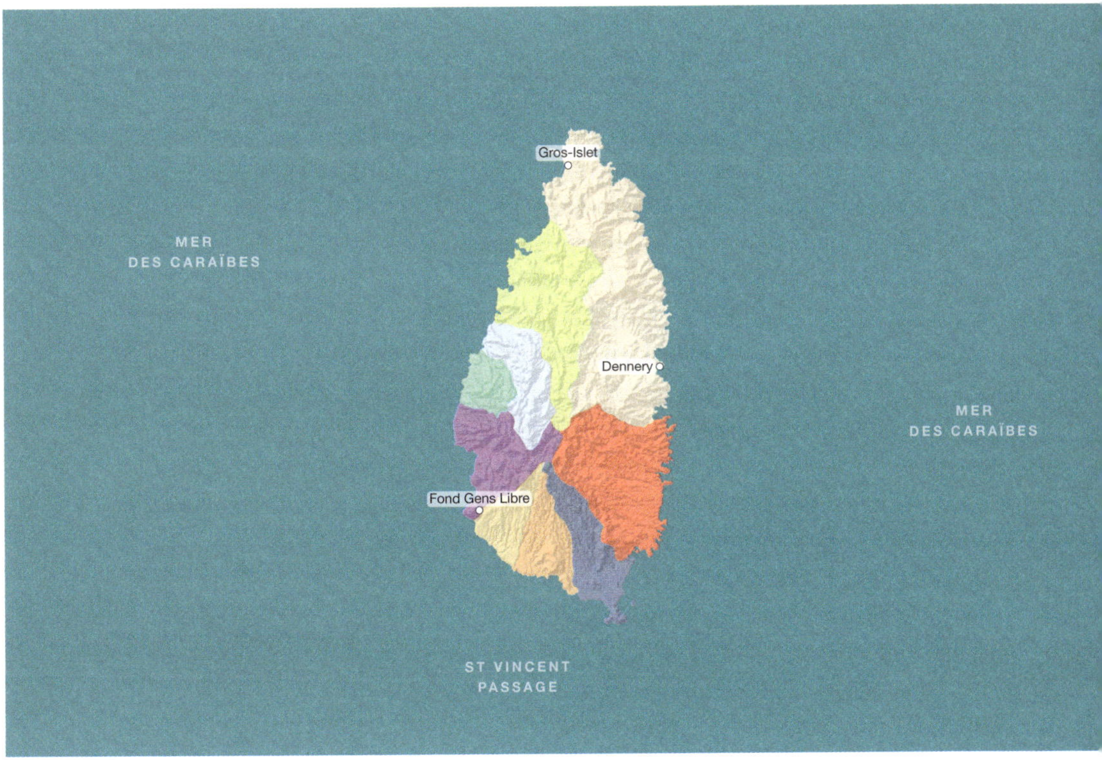

4 EWY Media/Shutterstock © 5 Marc Romanelli/Getty Images © 6 ATGImages/Shutterstock ©

Le soleil brille de façon différente à Sainte-Lucie. Le climat invite à se détendre et se ressourcer. Les gens sont chaleureux et la communauté entretient des liens très étroits, ce qui peut être d'un grand secours.

Nesa Constantine-Beaubrun,
entrepreneuse née à Castries

Un renouveau local

Au XVIIIe siècle, les fèves de cacao de Sainte-Lucie étaient exportées vers l'Europe et l'Amérique du Nord et permettaient l'élaboration d'un chocolat fin, riche et parfumé. Le climat tempéré de l'île et son sol volcanique riche en nutriments produisaient un cacao particulièrement apprécié. L'île renoue avec ses racines grâce à Cacoa Sainte Lucie, un acteur agroalimentaire de premier plan, qui fabrique en petites quantités des chocolats gourmands à Belvedere, dans le district de Canaries. Aux commandes, Maria Jackson, une habitante de Canaries, ancienne cheffe pâtissière et première femme chocolatière de l'île. En plus de proposer des démonstrations et ateliers pratiques, le nouveau restaurant de Cacoa Sainte Lucie prépare des plats infusés au chocolat tel que le mahi-mahi grillé en croûte de cacao.

Tout près, en bordure de route à Anse La Verdure, la boulangerie Plas Kassav est axée le manioc, un autre produit d'importance historique. Cette cabane zinguée, transformée en mini-usine, est une institution locale depuis

6

1998. Un incendie a détruit l'installation en 2017 mais, à présent reconstruite, Plas Kassav a repris ses visites guidées présentant le râpage du manioc, l'extraction du liquide et le séchage de la pulpe dans de grands chaudrons en cuivre. La farine obtenue sert de base au pain épais qu'on agrémente alors avec des saveurs typiques de Sainte-Lucie (noix de coco, cerise-raisin, pomme-raisin, cannelle, banane, chocolat, poisson salé, hareng fumé, gingembre, ananas, abricot et cacahuète).

Comment s'y rendre

Hewanorra (UVF) et George F.L. Charles (SLU), les deux aéroports de Sainte-Lucie, accueillent des vols directs provenant de Londres, d'Amérique du Nord et d'autres îles des Antilles.

Quand partir

Il n'y a pas de mauvais moment pour visiter les Antilles. Il y a bien une saison pluvieuse de juin à novembre (où le risque d'ouragan est plus élevé), mais les averses sont éparses et rarement assez longues pour gâcher le voyage.

À lire

La Lumière du monde, de Derek Walcott, poèmes sur son île par le Saint-Lucien lauréat du prix Nobel de littérature.

LONELY PLANET

LE BEST OF DU VOYAGE 2024

TOP 10 DES VILLES

Nairobi, Kenya / Paris, France / Montréal, Canada
Mostar, Bosnie-Herzégovine / Philadelphie, Pennsylvanie
Manaus, Brésil / Jakarta, Indonésie / Prague, République tchèque
İzmir, Turquie / Kansas City, États-Unis

NAIROBI, KENYA

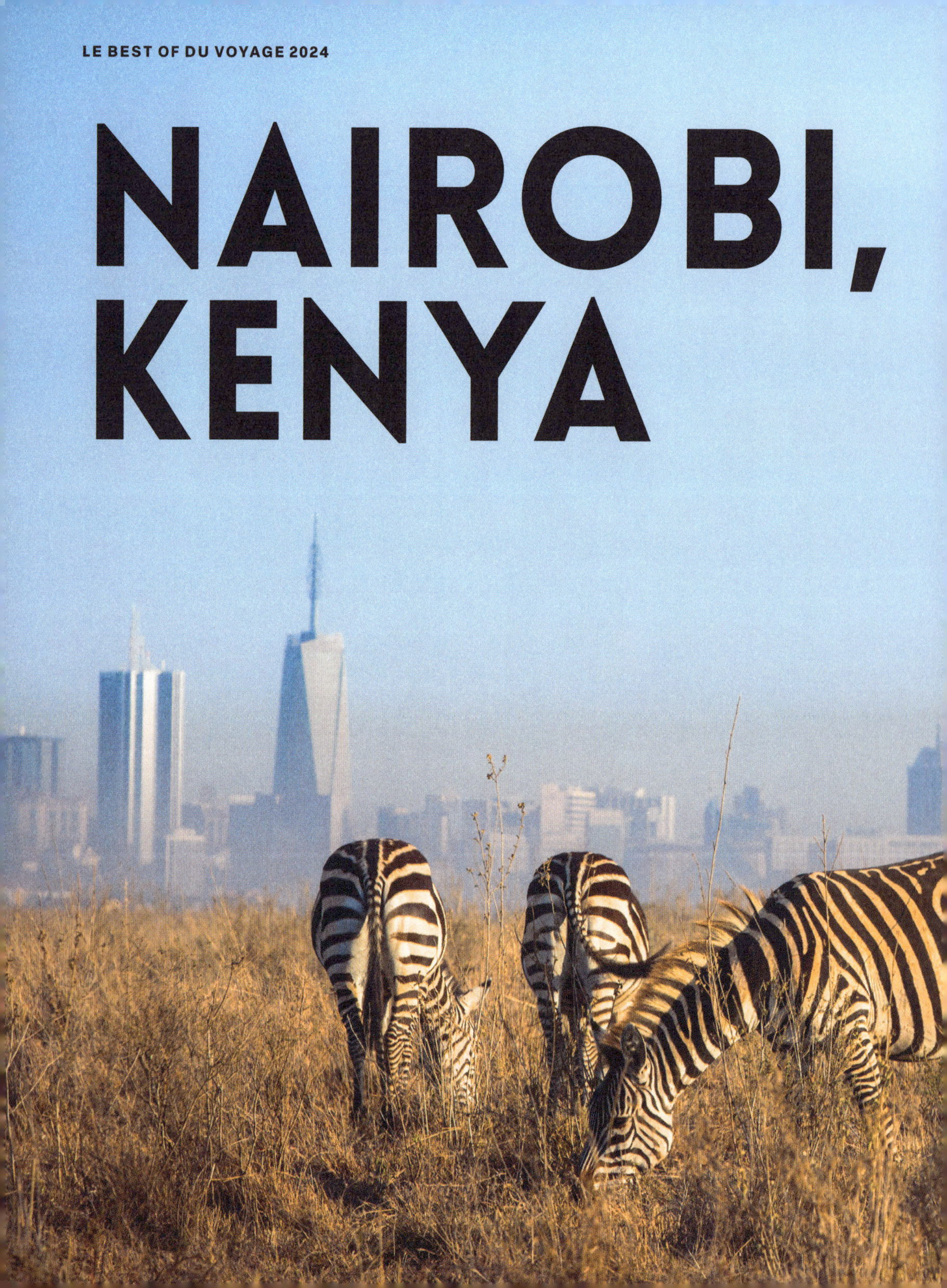

01

Longtemps sous-estimée par les voyageurs, voire par ses propres habitants, la capitale kényane s'affirme aujourd'hui comme un centre culturel d'importance. Pour qui sait passer outre l'aspect "brut" de cette ville, Nairobi offre une profusion de belles expériences. À mesure que s'éloigne le passé colonial, la ville affirme sa personnalité et son rythme propre. Un éventail impressionnant de restaurants joue les variations avec la cuisine locale, et le renouveau constant des lieux artistiques et culturels a donné naissance à une sorte de "coolitude" caractéristique de Nairobi.

Un retour aux sources culinaires

La scène gastronomique de Nairobi est en plein essor. Les menus internationaux dominent, avec

1 drewcarr85/Shutterstock © 2 Ariel Moscardi/Courtesy of Cultiva ©

2

Les incontournables

01 Un spectacle de danse et de musique traditionnelles au Bomas of Kenya, pour un tour d'horizon des ethnies du pays.

02 Une randonnsée dans la forêt des Ngong Hills au lever du soleil pour admirer le mont Kenya et le Kilimandjaro par temps clair.

03 Le Nairobi National Park pour un safari à petit prix, avec la ville en toile de fond.

04 Le toit du Kenyatta International Convention Centre pour une vue à 360 degrés sur la ville.

3 Giulia Lorenzon/Unsplash ©

3

un éclectisme reflètant les nombreuses cultures qui se sont croisées dans la ville au fil des décennies. Pourtant aujourd'hui, les restaurants, en réponse à une demande croissante des Kenyans, sont nombreux à travailler avec les ingrédients locaux et les recettes traditionnelles, expérimentant, cherchant toujours à réinventer ce qu'ils ont à leur disposition. Il y en a pour tous les budgets. À Karen, Cultiva est niché dans le jardin même où poussent bon nombre des produits utilisés. Une adresse de choix pour les voyageurs les plus aisés, avec un menu qui change constamment. Ceux au budget plus serré lui préfèreront Kienyeji's à Kilimani, spécialiste de la cuisine de l'ouest du Kenya (avec notamment de la langue de bœuf), ou encore Amaica à Peponi, pour son menu dégustation de neuf plats. Trouver des propositions végétariennes ou vegan à Nairobi n'a jamais été un problème, mais de nouveaux restaurants exclusivement vegan ont ouvert en 2023, comme Ethos à Westlands ou Bridges dans le Central Business District, qui proposent des menus intéressants.

Musique, nourriture de l'âme

Après s'être tue durant les années de Covid-19, la scène musicale de Nairobi est revenue à la vie. Les soirées DJ sont nombreuses, mais les amateurs de musique live trouveront eux aussi leur bonheur. Le reggae, le rap et la rumba sont les styles les plus populaires dans la ville – la rumba kenyane est en fait une variante locale de la musique congolaise qui s'est répandue dans le pays dans les années 1960 et dont le succès ne s'est jamais démenti depuis. Le K1, à Westlands,

4 Miaron Billy/Shutterstock © 5 Ariel Moscardi/Courtesy of Cultiva © 6 Sopotnicki/Shutterstock ©

Le **mutura**, *sorte de saucisse africaine, est un plat prisé dans les rues de Nairobi, surtout après une soirée festive. Vous en trouverez chez Tamu Tamu Foods à Westlands, qui propose également certains des meilleurs plats swahilis de la ville.*

Blinky Bill, musicien de Nairobi

propose de la rumba le dimanche après-midi, tandis qu'à Lavington, le Geco Café propose une sélection tournante de talents de tous les styles. Après une courte pause, les festivals trimestriels Blankets & Wine du stade Kasarani s'apprêtent à faire de 2024 leur plus grosse année. Et, si vous souhaitez simplement découvrir la musique traditionnelle, le Bomas of Kenya, à Karen, propose quotidiennement des concerts.

Une capitale des arts

La scène artistique locale est en constante transformation, et des styles propres se sont développés, à l'image de l'école de Tingatinga, dont les peintures représentent souvent des animaux sur fond de motifs colorés ou monochromes. Ces dernières années, les collectionneurs se sont faits de plus en plus nombreux, et les ventes aux enchères de l'East African Art Auction se portent de mieux en mieux chaque année. Même le musée national de Nairobi, jadis connu pour ses collections poussiéreuses d'animaux empaillés, consacre aujourd'hui deux salles à l'art contemporain local (si vous visitez le musée, ne manquez pas le jardin

6

botanique, petit mais intéressant, avec ses plantes médicinales africaines et son sentier découverte plein d'oiseaux). La Nairobi Gallery, dans le Central Business District, vous donne un aperçu de la vie de Joseph Murumbi, qui fut vice-président du Kenya et propriétaire de la plus grande collection connue de textiles, de timbres et de bijoux africains. Des œuvres d'art contemporain sont exposées en rotation à travers la ville, notamment à la One Off Contemporary Art Gallery de Rosslyn, avec son jardin de sculptures, ou à la Circle Art Gallery de Lavington. La Brush Tu Gallery, à BuruBuru, accueille également les visiteurs, mais sur rendez-vous.

1 Le Nairobi National Park, à la lisière de la ville **2** Baguettes fraîches, Cultiva **3** Au paradis des amateurs de fruits exotiques **4** Au Blankets & Wine festival **5** Au Cultiva, à Karen **6** Le parc Uhuru et la City Square, dans le centre de Nairobi

Comment s'y rendre

Nairobi est un nœud de transports important pour les vols africains. L'aéroport est desservi par des vols directs depuis Paris notamment.

Quand partir

S'il n'y a pas vraiment de mauvais moment pour se rendre à Nairobi, le meilleur se situe entre septembre et novembre, lorsque les jacarandas (arbres fougères) se couvrent de fleurs violettes et que les animaux migrent à nouveau vers le Nairobi National Park voisin.

À lire

La Maison au bout des voyages, roman d'Yvonne Adhiambo Owuor plein de lyrisme.

PARIS, FRANCE

02

En 2024, tous les regards se tourneront vers Paris, qui accueillera les 33e Jeux olympiques et paralympiques d'été. Les contre-la-montre cyclistes traverseront la ville, le beach-volley et le cécifoot (football joué par des athlètes ayant un handicap visuel) se joueront sous la tour Eiffel et les break-dancers feront du six-step sur la place de la Concorde. De nombreuses nouveautés se tiendront en outre en dehors des enceintes olympiques.

Changer de perspective

Les J.O. donneront à voir un Paris inédit. Pour la capitale, ce sera également l'occasion d'écrire une nouvelle page de l'histoire olympique : c'était déjà

1 James O'Neil/Shutterstock © 2 River Thompson/Lonely Planet ©

2

Les incontournables

01 La collection Pinault à la Bourse de Commerce, pour les amateurs d'art moderne et contemporain.

02 Le marché aux puces de Saint-Ouen autant pour chiner que pour se restaurer.

03 Le Jardin des Tuileries pour ses jardins à la française, et les *Nymphéas* de Monet au musée de l'Orangerie.

04 Un cocktail sur le rooftop du Perchoir, dans le très branché 11e ou bien dans le 15e, dans une immense ferme urbaine.

3 iDrone Aerials/Shutterstock ©

3

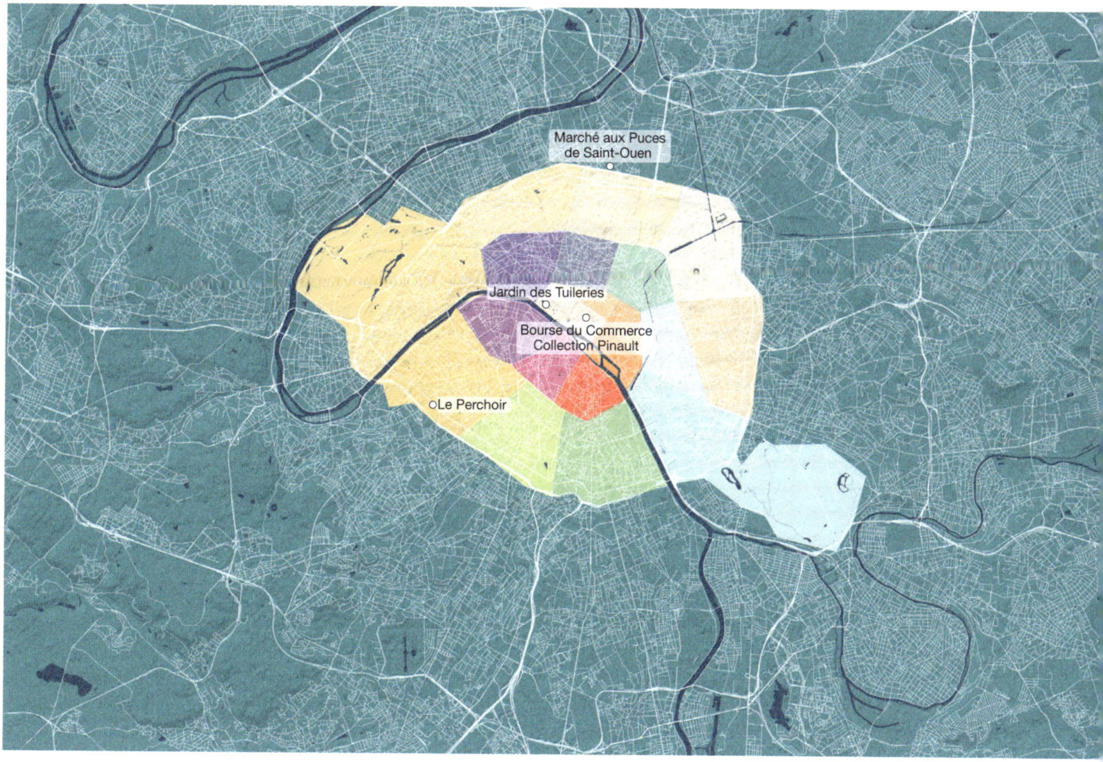

à Paris, en 1900, lors de la deuxième édition des olympiades modernes, que les femmes prirent part aux Jeux pour la première fois. Or, pour la première fois en 2024, les participants atteindront la parité du nombre d'athlètes masculins et féminins. Paris souhaite également inspirer les jeunes avec quatre nouvelles disciplines olympiques : le skateboard, l'escalade sportive, le surf et le break-dance. Enfin les communes du Grand Paris qui accueilleront le village olympique (réparti entre Saint-Denis, Saint-Ouen et L'Île-Saint-Denis) recevront un afflux nouveau de visiteurs.

Inaugurations

Après l'ouverture de plusieurs excellents musées en 2023 (musée national de la Marine, Maison Gainsbourg, Quai de la Photo, Cité de l'Histoire à La Défense et, pour les fans de maths, Maison Poincaré), tous les regards se tournent désormais vers Notre-Dame. Inaccessible depuis l'incendie de 2019, la cathédrale devrait rouvrir, si tout se passe comme prévu, en 2024, après des travaux visant à restaurer l'intérieur de l'édifice et les voûtes effondrées. L'éblouissement architectural se poursuit au Grand Palais, site olympique de premier plan (il accueillera les épreuves d'escrime et de taekwondo), dont l'époustouflante verrière Art nouveau a bénéficié d'une rénovation de 466 millions d'euros. Pour les amateurs d'art contemporain, le nouveau siège de la Fondation Cartier, situé à proximité du Louvre, dans le bâtiment historique du Louvre des Antiquaires (1852), sera l'adresse incontournable de cette année.

4

5

La chasse aux mosaïques "Space Invaders" avec l'application FlashInvaders conduit les joueurs dans des rues secondaires, des quartiers animés ou plus tranquilles, et même au sommet de la tour Eiffel. Cela permet d'explorer la ville dans ses moindres recoins !

Élodie Berta, guide parisienne

De nouveaux havres

L'interdiction des voitures diesel dans la ville a été annoncée pour 2024, tout comme la création d'une zone apaisée dans le centre (le trafic de transit y sera interdit) – un pur bonheur pour les visiteurs désirant flâner dans les musées et boutiques du Marais ou encore du Quartier latin. Outre les 1000 km de pistes cyclables qui desservent déjà la capitale, 60 km de nouvelles voies dédiées vont relier les sites olympiques. D'ici au printemps 2024, la ligne 11 du métro devrait s'étendre à Romainville, Montreuil, Noisy-le-Sec et Rosny-sous-Bois, facilitant ainsi les déplacements vers le nord-est du Grand Paris.

La tendance est aussi à l'aménagement, à Paris, de nouveaux espaces verts : sur les toits, sous forme de murs végétalisés ou encore de fermes, de jardins et de forêts urbaines (une forêt devrait ainsi être aménagée sur la place de Catalogne, dans le 14e). La première phase d'un projet de six ans visant à transformer les Champs-Élysées en avenue verte devrait débuter avec la plantation d'arbres et l'élargissement des trottoirs.

Quant à la Seine, elle sera au centre de l'attention. La cérémonie d'ouverture, prévue le 26 juillet 2024, aura le fleuve parisien pour théâtre ; le défilé des délégations d'athlètes se fera sur des embarcations voguant le long des monuments emblématiques de la ville. Les Jeux verront aussi une petite révolution : des épreuves de natation en eau libre se dérouleront dans la Seine, au départ du pont Alexandre-III. Au-delà des J.O., plusieurs sites de baignade dans la Seine devraient même ouvrir en 2025, couronnant un long effort d'assainissement du fleuve.

1 La tour Eiffel depuis la rue de l'Université **2** Skaters, place de la République **3** Douze avenues convergent vers l'Arc de triomphe **4** Promenade en bateau sur le canal de l'Ourcq, au parc de la Villette **5** Le Village Saint-Paul, dans le Marais **6** La Philharmonie de Paris, bâtiment de Jean Nouvel, dans le parc de la Villette

Quand partir

Les mois de mai, juin, septembre et octobre promettent des températures agréables, moins de files d'attente et une multitude d'événements culturels. Pour les Jeux olympiques : du 26 juillet au 11 août ; pour les Jeux paralympiques : 28 août au 8 septembre.

À lire

Au Bonheur des Dames ou encore *L'Assommoir* d'Émile Zola, *Paris est une fête* d'Ernest Hemingway, *Le Piéton de Paris* de Léon-Paul Fargue, *La Petite Bijou* de Patrick Modiano...

MONTRÉAL, CANADA

03

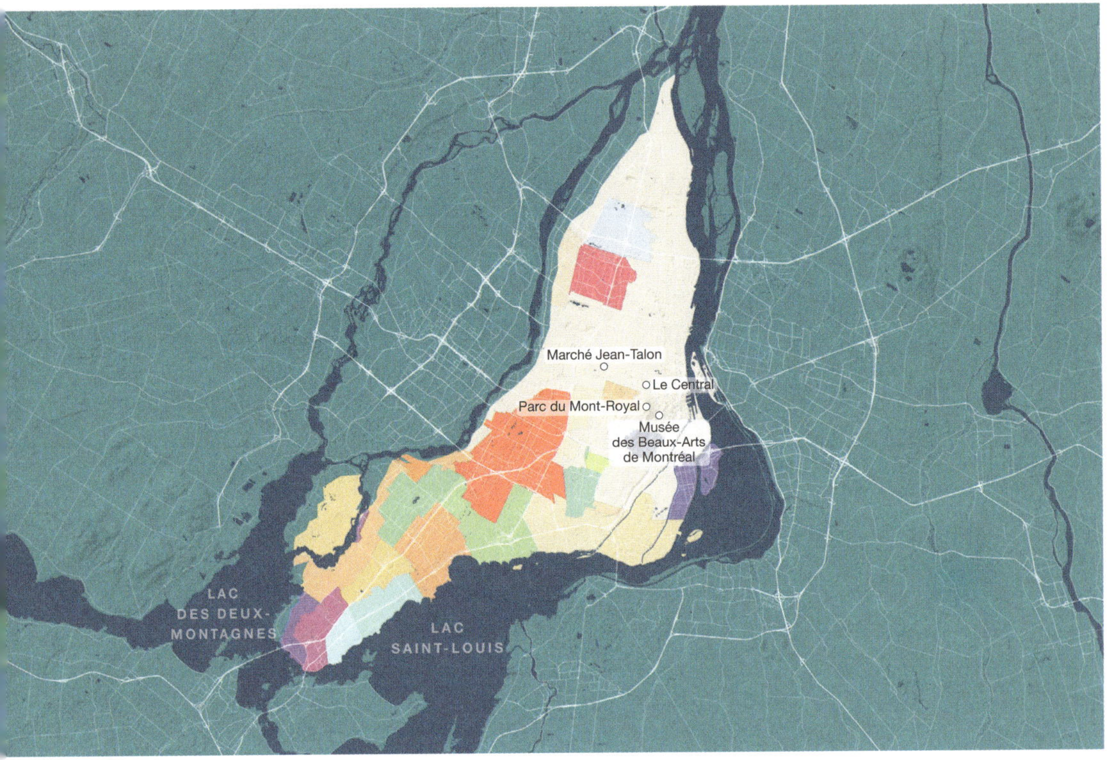

Avec son agenda culturel chargé, ses quartiers rénovés regorgeant de restaurants variés, ses galeries tendance et ses boutiques originales, Montréal est depuis longtemps l'une des destinations les plus en vue du Canada. Mais cette année, cette métropole de plus de 4 millions d'habitants située au confluent du Saint-Laurent et de la rivière des Outaouais devrait attirer encore plus de visiteurs, grâce à de nouveaux musées, à des sites touristiques rénovés et à sa scène gastronomique toujours dynamique – sans parler de nouvelles solutions de transport qui la rendrent encore plus facile d'accès.

Des lieux emblématiques revisités
Située sur le territoire traditionnel des Kanien'kehá:ka, la plus grande ville du Québec (et deuxième plus grande ville du Canada) brasse aujourd'hui une population multiculturelle qui influence beaucoup la scène artistique locale. Le premier centre d'art autochtone de la ville, daphne, a rouvert ses portes dans une nouvelle galerie qui présente les œuvres des artistes de la région. L'édition 2024 de la Biennale d'art contemporain autochtone, connue sous le nom de BACA, se tiendra dans la ville en mai et juin. Pour en savoir plus sur les communautés autochtones du Québec, visitez l'exposition permanente "Voix autochtones d'aujourd'hui" au musée McCord Stewart, consacré à l'histoire canadienne.

Le MEM, Centre des mémoires montréalaises, est le musée de l'histoire de la ville, présentée à travers les témoignages des différentes communautés. Anciennement connu sous le nom de Centre d'histoire de Montréal, il ouvre des installations dans le Quartier des spectacles, au nord du centre-ville : les histoires des habitants de la région seront racontées sous forme multimédia.

Le parc Jean-Drapeau a accueilli le monde entier il y a plus de 55 ans, à l'occasion de l'Expo 67, avec son dôme géodésique conçu par l'architecte Richard Buckminster Fuller. Composé de deux îles, Sainte-Hélène et Notre-Dame, au milieu du Saint-Laurent, le parc fait l'objet d'un réaménagement devant durer jusqu'en 2030 : promenade de 15 km le long du fleuve, restauration des plages et des jardins…

Les incontournables

01 **Le musée des Beaux-Arts de Montréal**, qui présente toujours des nouveautés, que ce soit dans le domaine classique ou contemporain.

02 **Les vues sur la ville offertes par le parc du Mont-Royal**, une oasis de verdure.

03 **Un dîner au restaurant franco-marocain Nili,** au coréen 9 Tail Fox ou à Anemone… pour changer un peu de la poutine.

04 **Les spécialités culinaires locales** sur les marchés de la ville, comme le Marché Jean-Talon ou Le Central.

Comment s'y rendre

L'aéroport Montréal-Trudeau, alias Dorval, est desservi par des vols internationaux (dont des vols directs depuis Paris).

Quand partir

Montréal vaut la visite en toute saison. Il s'y passe toujours quelque chose.

À lire

Préparez votre voyage avec des romans comme *L'Apprentissage de Duddy Kravitz*, de Mordecai Richler, qui se passe dans la communauté juive de la ville au XXe siècle, *Ru*, de Kim Thúy, Québécoise née à Saigon, *La Grosse Femme d'à côté est enceinte* de Michel Tremblay, situé dans le quartier du Plateau et *Les Enfants de cœur* de Heather O'Neill.

La Tour de Montréal, la plus haute tour inclinée du monde, est une autre icône dont la réouverture est prévue en 2024 après une rénovation majeure. Depuis l'observatoire du Parc olympique, la vue s'étend sur toute la ville. Envie d'autres vues aériennes ? Direction la tour ultramoderne du Port de Montréal, sur le Grand Quai.

Des événements toute l'année

En hiver, la ville se réchauffe avec le festival annuel Montréal en lumière (spectacles, art, gastronomie et illuminations), mais vous pourrez aussi y vivre la Semaine de la Poutine, pour découvrir de nombreuses versions de ce plat emblématique de la Belle Province (des frites nappées de fromage et de sauce brune) ou l'Igloofest, surnommé "festival de musique le plus froid au monde".

Durant les mois plus chauds, vous trouverez des festivals célébrant la bière, l'art urbain,

Montréal, c'est l'amour, la passion et la solidarité. Vous pouvez voyager dans le monde entier et goûter à la cuisine de tous les continents grâce à ses communautés. Montréal m'a accueilli, m'a nourri. Montréal a fait de moi ce que je suis.

Paul Toussaint, chef du restaurant Kamúy

l'humour, les peuples autochtones, la communauté LGBTQI+ et bien plus encore. Avec ses milliers de fresques, la scène de street art locale reste très active, en particulier le long du boulevard Saint-Laurent, sans compter que de nouvelles œuvres apparaissent chaque été durant le festival MURAL. Lancé il y a plus de 40 ans, le Festival international de Jazz de Montréal, qui se tient l'été, est devenu le plus grand festival de jazz du monde.

Avec l'ouverture prévue par la compagnie Porter Airlines d'un hub canadien à l'aéroport Saint-Hubert, à l'est du centre-ville, et la reprise par Amtrak de son train canado-américain *Adirondack*, entre Montréal et New York, il sera désormais encore plus facile de rejoindre les festivals en question !

1 L'automne dans le parc du Mont-Royal **2** La poutine, star des hivers québécois **3** Tam-Tam, cercle de tambours au monument à George-Étienne Cartier **4** L'île Sainte-Hélène et l'emblématique Biosphère de Montréal **5** Les couleurs du Palais des congrès **6** "Jardins de Lumière" au Jardin botanique de Montréal

MOSTAR, BOSNIE-HERZÉGOVINE

04

Mostar a le vent en poupe. Depuis longtemps prisée des routards et des fans des Balkans, la ville s'affirme aujourd'hui comme une destination valant plus qu'une simple excursion d'une journée. Si la vieille ville aux minarets et le célèbre pont de Stari Most attirent en premier lieu les visiteurs, ce sont souvent les festivals d'art, d'artisanat et de musique qui les font revenir. Le 20e anniversaire de la reconstruction du pont à l'été 2024 fournit une bonne occasion de visiter la ville.

Le quartier de la création

Après avoir flâné dans les ruelles pavées et sinueuses de la vieille ville, avec ses mosquées,

Les incontournables

01 Les monuments de l'époque ottomane, comptant parmi les plus beaux exemples d'architecture islamique en Europe : la mosquée Koski Mehmed Paša, la maison Kajtaz, la mosquée Sevri Hadži Hasan et la maison Biscevic, mais aussi la maison Dervish, à 20 minutes de la ville.

02 Une part de *burek*. Ce feuilleté salé originaire de Turquie, farci au fromage, aux épinards ou encore à la viande est très répandu dans l'ancien Empire ottoman. Le *burek* de Bosnie est réputé le meilleur des Balkans ; à Mostar, goûtez ceux de Buregdžinica Rođeni.

03 Une excursion d'une journée aux chutes de Kravica, très courues, est toujours agréable, mais, si vous avez un budget limité, préférez celles de Koćuša, plus petites et gratuites.

ses bazars et ses cafés, ne manquez pas de traverser la Neretva pour rejoindre Španjolski Trg (la "place espagnole"), dans le quartier verdoyant situé à l'ouest de la ville. De nombreux murs sont ornés de fresques créées dans le cadre du Street Arts Festival Mostar (SAFMO). Afin de restaurer un sentiment d'appartenance à une communauté, et de tourner la page des conflits passés, le SAFMO invite artistes et créateurs, qu'ils soient bosniaques ou étrangers, à peindre ces œuvres colorées, politiques et souvent émouvantes. Réalisées à très grande échelle sur des bâtiments abandonnés, des immeubles résidentiels ou dans des espaces publics (qui portent encore parfois les stigmates de la guerre de Yougoslavie), elles ont aussi parfois insufflé une nouvelle vie au quartier. Le SAFMO dévoile de nouvelles fresques chaque été, mais une grande partie d'entre elles reste en place toute l'année, de sorte que Španjolski Trg vaut le détour quelle que soit la période. La place accueille aussi le Mostar Summer Fest, festival musical de trois jours programmant des groupes issus des Balkans, ainsi que le marché de Noël de la ville en décembre.

Des crus rares

Des visites guidées œnologiques de Mostar et de ses environs ont vu le jour à la suite du parrainage par l'Union européenne de la Route des vins d'Herzégovine. Des guides experts proposent des circuits sur un ou deux jours, conduisant dans une vingtaine de vignobles et d'établissements vinicoles. Les viticulteurs locaux

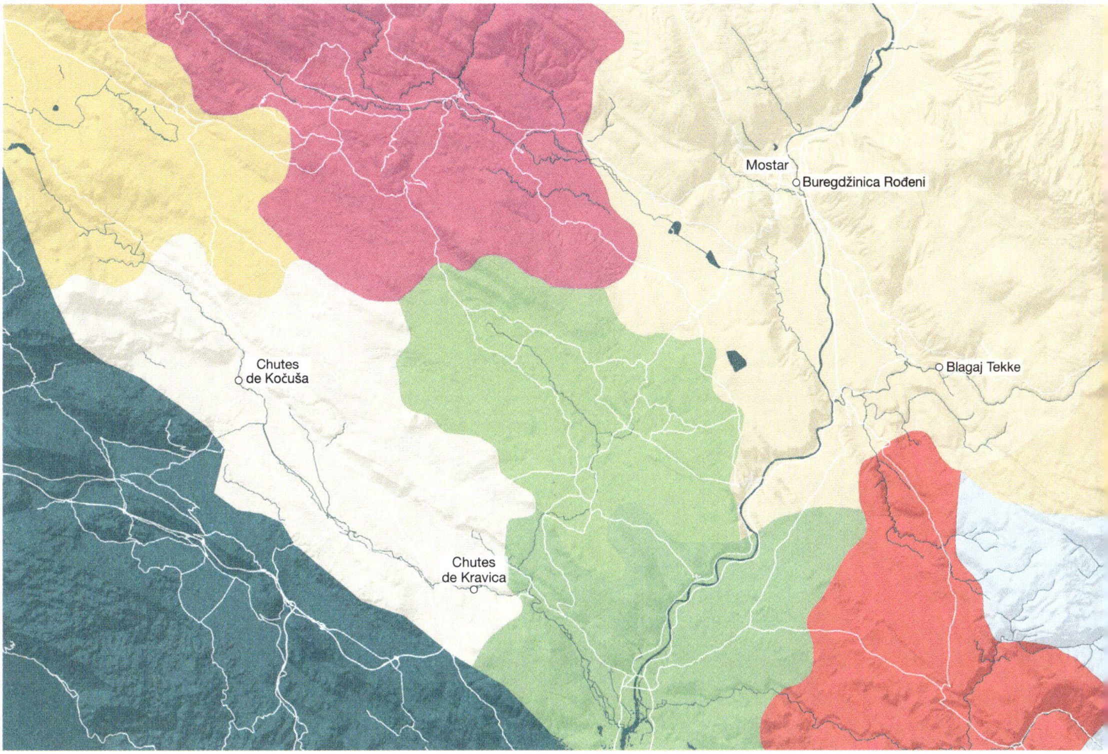

4

5

4 heinstirred/Getty Images © 5 Matt Munro/Lonely Planet © 6 Anadolu Agency/Getty Images ©

Mostar est plus méditerranéenne que Sarajevo. Les Herzégoviniens sont des gens chaleureux, toujours heureux de lier conversation. Mostar est une bonne base pour explorer la région. On y trouve tout ce qu'il faut : du bon vin, des cascades et des villages médiévaux comme Počitelj ou Blagaj.

Kathi Numić, cofondatrice de Cheyf Tours, Bosnie-Herzégovine

produisent deux sortes de vins : le Blatina, un rouge dense, et le Žilavka, un blanc frais. En plus d'être bon marché, ces circuits permettent de goûter des crus qu'il est quasi impossible de trouver en dehors du pays.

Le pont de Mostar

Le nom même de Mostar est lié à son emblématique Stari Most (vieux pont), dont la construction remonte au XVe siècle, époque où la cité était une ville frontière ottomane. L'ouvrage d'art offre un spectacle saisissant, avec une arche qui enjambe les eaux vertes et profondes de la Neretva. Détruit en 1993 durant la guerre de Yougoslavie, il retrouva sa splendeur en 2004 après une restauration de trois ans. Pour marquer le 20e anniversaire de cette reconstruction, la ville connaîtra d'importantes

festivités en 2024. Le dernier week-end de juillet se tiendra par ailleurs sur le pont le festival annuel de plongeon, qui prolonge une tradition ancienne. Depuis quelques années également, Red Bull y organise des épreuves de son tournoi international de plongeon de haut vol, durant lequel s'affrontent certains des meilleurs plongeurs du monde. Si vous souhaitez vous lancer vous-même (ce que nous ne vous recommandons cependant pas), il vous faut adhérer au club de plongeon du pont de Mostar (prévoir de payer environ 25 € pour pouvoir sauter).

1 Les chutes de Kravica, à proximité de la ville **2** Lampes sur un marché de Mostar **3** La mosquée Koski Mehmed Paša **4** Le *burek* en spirale, version bosniaque du *börek* turc **5** Stari Most **6** Plongeon de haut vol depuis le Stari Most

Comment s'y rendre

Des bus réguliers desservent la ville depuis Dubrovnik ou Sarajevo.

Quand partir

L'été est très animé, avec de nombreux événements, mais attendez-vous à ce que le centre-ville soit très fréquenté, car de nombreux Bosniaques ont leur résidence secondaire à Mostar. Si vous souhaitez un peu plus de calme, mai et juin ou fin septembre pourraient vous convenir. Enfin, si vous voulez avoir les pavés de la ville pour vous seul ou presque, visez la période du marché de Noël, en décembre.

PHILADELPHIE, ÉTATS-UNIS

05

Située au confluent du Delaware et de la Schuylkill, Philadelphie fut la première ville des États-Unis inscrite au patrimoine mondial de l'Unesco. "Philly" pour les intimes, surnommée aussi le "berceau de la liberté", la ville vit la naissance les États-Unis, avec la déclaration d'indépendance de 1776. Mais cette dimension historique ne doit pas faire oublier l'énergie et l'attrait de la ville d'aujourd'hui. Entre grandes ouvertures et anniversaires marquants, les musées justifient à eux seuls un voyage en 2024. Et il en va de même pour les restaurants, qui vous apporteront l'énergie nécessaire lors de votre marathon de musées.

1 Darren LoPrinzi/500px © 2 f11photo/Shutterstock ©

Les incontournables

01 **Le quartier historique d'Italian Market,** pour découvrir les antipasti de Di Bruno Bros, les tacos de South Philly Barbacoa et de mémorables *cheesesteaks* (sandwichs au bœuf émincé et au fromage fondu), spécialité de la ville.

02 **Le Southeast Asian Market** (d'avril à octobre), de retour après plusieurs années, pour déguster de la cuisine cambodgienne, laotienne, thaïlandaise ou vietnamienne.

03 **Les étals du Reading Terminal Market,** pour les glaces de Bassetts, les beignets aux pommes du Dutch Eating Place et les *cannoli* de la Termini Brothers Bakery.

04 **La cuisine israélienne de Zahav,** moderne et raffinée.

3 Paula Montenegro Stock/Shutterstock ©

Un kilomètre de trésors

Large avenue verdoyante et bordée de plusieurs institutions mythiques, le Benjamin Franklin Parkway est un point de départ tout indiqué.

À l'une de ses extrémités se trouve le Franklin Institute, fondé par Benjamin Franklin lui-même en 1824. Pour ses 200 ans, ce musée des sciences présentera des espaces d'exposition rénovés. La réplique géante d'un cœur battant, attraction célèbre de ce musée, sera toujours en place, mais, tout autour, des expositions interactives à la pointe de la technologie verront le jour. Les salles sur le cosmos seront également restaurées, et, dans la nouvelle galerie des collections, vous vous pourrez découvrir, entre autres trésors, des objets ayant appartenu aux frères Wright et une locomotive à vapeur de 350 tonnes.

À quelques pas seulement, la Barnes Foundation abrite de nombreux chefs-d'œuvre dont les plus grandes collections au monde de tableaux de Renoir et Cézanne. Une exposition temporaire sera dédiée en 2024 à Alexey Brodovitch, photographe et célèbre directeur artistique du magazine de mode américain *Harper's Bazaar*.

Illustres artistes de Philadelphie

En 2024 également, la Barnes Foundation présentera une nouvelle vedette du Benjamin Franklin Parkway : les Calder Gardens, qui devraient être achevés fin 2024. Fruit d'une collaboration entre la fondation Calder, quelques mécènes et des agences gouvernementales, ce site rend hommage à l'un des enfants illustres de Philadelphie, Alexander Calder.

4 Philip Grant/Getty Images © 5 Fernando Garcia Esteban/Shutterstock © 6 f11photo/Shutterstock ©

J'adore la cuisine du Southeast Asian Market, dans FDR Park. En particulier, les ailes de poulet, farcies de volaille, de nouilles et de champignons marinés avec du kroeung cambodgien et des herbes sont une vraie bombe de saveurs.

Sarun S Chan, directeur exécutif de la Cambodian Association of Greater Philadelphia

Mobiles, "stabiles", sculptures et peintures épiques de l'artiste seront exposés dans un bâtiment signé de l'agence Herzog & de Meuron, lauréate du prix Pritzker, mais aussi dans des jardins dessinés par le paysagiste au style onirique Piet Oudolf, rendu célèbre par son travail sur la High Line à New York.

Trois générations de Calder ont doté la ville d'œuvres monumentales. Pour embrasser du regard ces créations, rendez-vous au Philadelphia Museum of Art : à l'étage du Great Stair Hall, où est accroché le mobile *Ghost* d'Alexander Calder, vous apercevrez par la fenêtre la fontaine dessinée par le père de l'artiste à Logan Square mais aussi, la sculpture de William Penn couronnant l'hôtel de ville, et qui est une œuvre de son grand-père.

Au printemps 2024, le Philadelphia Museum of Art rendra hommage à un autre grand nom de la ville, la peintre Mary Cassatt, étroitement liée à l'impressionnisme. Quant à la collection permanente, elle comprend d'innombrables trésors, notamment la plus grande collection d'œuvres de Marcel Duchamp au monde.

Souvenirs de la Révolution

Dans la vieille ville, une exposition du musée de la Révolution américaine portera sur l'histoire improbable de la tente de guerre de George Washington. À la Betsy Ross House voisine, des événements originaux sont annoncés de fin 2023 à fin 2024, à l'approche des célébrations du 250e anniversaire de l'indépendance. Ainsi, "Tipsy History" ("histoire pompette") invitera les visiteurs à écouter, cocktail à la main, le récit des amours de Betsy Ross, la jeune femme qui aurait cousu le premier drapeau américain pendant la révolution.

1 Le Benjamin Franklin Bridge, qui traverse le Delaware **2** Une institution du *cheesesteak* sur la 9e rue **3** Le Philadelphia Museum of Art, qui domine la Schuylkill River **4** Philadelphie offre un vrai patchwork de cuisines du monde **5** La Barnes Foundation **6** Broad Street et le City Hall

Comment s'y rendre

Philadelphie est desservie par des vols directs depuis Paris. Des trains Amtrak la relient à de nombreuses villes américaines.

Quand partir

Philadelphie est une ville animée toute l'année. L'hiver, belle patinoire au City Hall.

À écouter, à lire, à voir

Pour une pleine immersion dans la culture locale, vous pouvez écouter DJ Jazzy Jeff, The Roots ou encore Al Martino. Vous pouvez également lire *Chaussure à son pied*, de Jennifer Weiner et *La Maison des Hollandais* d'Ann Patchett. Côté films et séries : *Happiness Therapy*, *Abbott Elementary*, *Concrete Cowboy*, *Rocky*... et, bien sûr, *Indiscrétions* (1940).

MANAUS, BRÉSIL

06

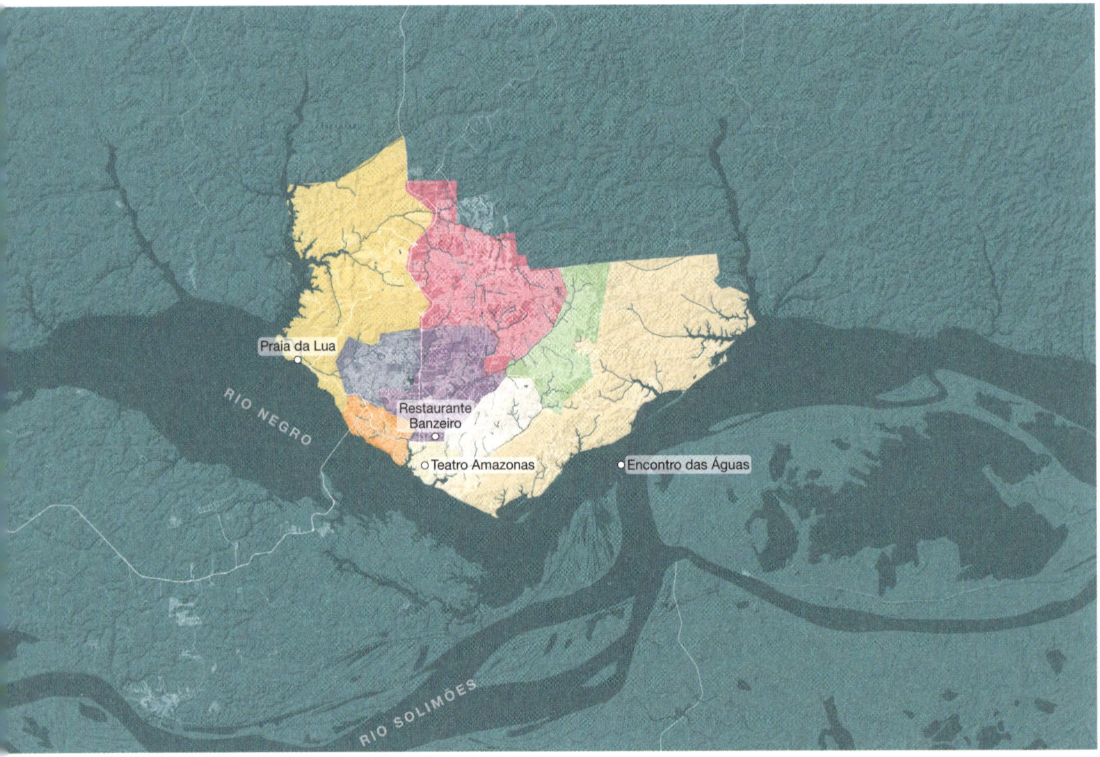

Paysages embrumés pleins de poésie et aventures écotouristiques vous attendent à Manaus. La plus grande ville de la région amazonienne se trouve au confluent des eaux noires du Rio Negro et des eaux verdâtres du Rio Solimões, comme on appelle ici le cours supérieur de l'Amazone. Alentour s'étend la plus grande forêt tropicale du monde, avec ses espèces animales fascinantes et menacées.

Manaus est en effervescence. L'Amazonie se prépare à accueillir la conférence des Nations unies sur le changement climatique en 2025. Avec Belém, autre métropole amazonienne, la ville la plus peuplée de la jungle est depuis longtemps un haut lieu de la lutte pour la défense de la forêt

1 Travel Stock/Shutterstock © 2 Paulo Fridman/Getty Images ©

tropicale. Et si les ONG travaillent sans relâche pour nettoyer les *igarapés* (petits ruisseaux) de la ville et lutter contre la déforestation, la capitale de l'État d'Amazonas peut également compter sur ses propres armes pour mener le combat, notamment l'écotourisme et les initiatives gérées par les populations autochtones.

Écolodges

Plus on s'éloigne de Manaus, plus les hébergements montent en gamme et en isolement (deux des meilleurs lodges, Anavilhanas et Uakari, se trouvent à plusieurs centaines de kilomètres), mais Manaus et ses environs offrent la possibilité de visiter la forêt tropicale sans avoir à parcourir de longues distances, dans une démarche de tourisme durable. À l'Uiara Lodge, des guides autochtones proposent de fascinantes promenades en forêt et des excursions nocturnes autour du Lago Salvador, à seulement 8 km de Manaus. Marilia Costa, une *Caboclo* (métisse d'ascendance autochtone et européenne), a grandi en partie parmi les Sateré-Mawé et passé son enfance à parcourir la "terre de Guaraná", au fin fond de l'Amazonie, à Maués. Elle a choisi pour les huit chambres de son Manati Lodge de mettre l'accent sur l'authenticité rustique et la rigueur écotouristique (pas d'interactions avec les animaux sauvages, pas de nage avec les dauphins roses). La carte du restaurant est dominée par le *tambaqui* et le *tucunaré*, pêchés de manière respectueuse de l'environnement et préparés par un chef local. De catégorie supérieure, le Juma Lodge affiche une architecture durable qui reflète les techniques employées dans les

Les incontournables

01 Le Teatro Amazonas, emblème architectural du Manaus de la Belle Époque.

02 Une table au Restaurante Banzeiro, adresse amazonienne du chef Felipe Schaedler.

03 La plage de Praia de Luca, paradis idyllique, uniquement accessible en bateau.

04 El Encontro de Águas, pour assister à la rencontre tumultueuse du Rio Negro et du Rio Solimões.

3 Paulo Jr/Shutterstock © 4 Rameshh Thadani/Getty Images © 5 Fedor Selivanov/Shutterstock © 6 Ramesh Thadani/Getty Images ©

maisons autochtones. Le personnel est composé à 90% de membres des communautés voisines, l'établissement est approvisionné en électricité par des panneaux photovoltaïques et il possède son propre système de traitement des déchets, et des eaux usées, à base de plantes. Dans la ville elle-même, l'Adolpho Ducke Forest Reserve est une vaste forêt urbaine. Et, de l'autre côté du Rio Negro, le Parque Ecologico Janauari protège plus de 126 km² de forêt inondée, avec des nénuphars géants et une faune exceptionnelle. Tous deux constituent une bonne introduction aux 6,7 millions de kilomètres carrés de jungle qui entourent la ville.

Cuisine autochtone

La richesse de l'Amazonie se traduit dans sa cuisine par une abondance de saveurs et de textures. Si l'açai, fruit du palmier amazonien, est connu dans le monde entier pour ses qualités de "superaliment" antioxydant et riche en fer, beaucoup d'ingrédients s'avéreront nouveaux pour bien des visiteurs. Une promenade sur le Mercado Municipal Adolpho Lisboa vous fera découvrir les flocons de *tucumã*,

Une excursion en bateau sur le Rio Negro permet de profiter de la flore et de la faune incroyables de Manaus, avant de déguster, dans un restaurant flottant, une cuisine régionale de qualité : pirarucu, tambaqui *grillés...*

Rodrigo Cunha, directeur général de l'hôtel Juma Opera

le piment *murupi*, l'*ovinha* (farine de manioc utilisée notamment pour la *farofa*) ou le *tucupi*, un jus jaune extrait du manioc sauvage qui est utilisé dans de nombreux plats régionaux. Le menu du premier restaurant autochtone du Brésil, Biatüwi, met à l'honneur ces merveilles (ne manquez pas la soupe de poisson épicée servie avec du *tucupi* noir ou du *tambaqui* rôti dans des feuilles de cacao de la chef sateré-mawé Clarinda Ramos). Enfin, goûtez le sandwich phare de la ville, le *x-caboquinho* (fromage frais, banane *pacovã* frite et copeaux de *tucumã* sur du pain blanc). *Bom apetite!*

1 La forêt amazonienne entourant Manaus est un trésor de biodiversité **2** Artisanat local à Anavilhanas **3** Le Teatro Amazonas date de 1896 **4** Cuisine autochtone amazonienne **5** Toucan dans l'Amazonie brésilienne **6** Un bateau traverse le confluent du fleuve Amazone

Comment s'y rendre

En l'absence de vols directs depuis l'Europe, la plupart des voyageurs se rendent à Rio de Janeiro ou à São Paulo. Manaus est aussi desservie par des bateaux fluviaux depuis Belém, Porto Velho et Santarém, au Brésil, ainsi que depuis Leticia, en Colombie.

Quand partir

Les mois relativement secs entre juin et la mi-décembre sont optimaux pour visiter l'Amazonie, en particulier pour la randonnée. Le festival annuel Amazonas de Ópera se tient entre mars et mai au Teatro Amazonas.

À lire

Márcio Souza et Milton Hatoum, originaires de Manaus, écrivent sur des thèmes amazoniens.

JAKARTA, INDONÉSIE

07

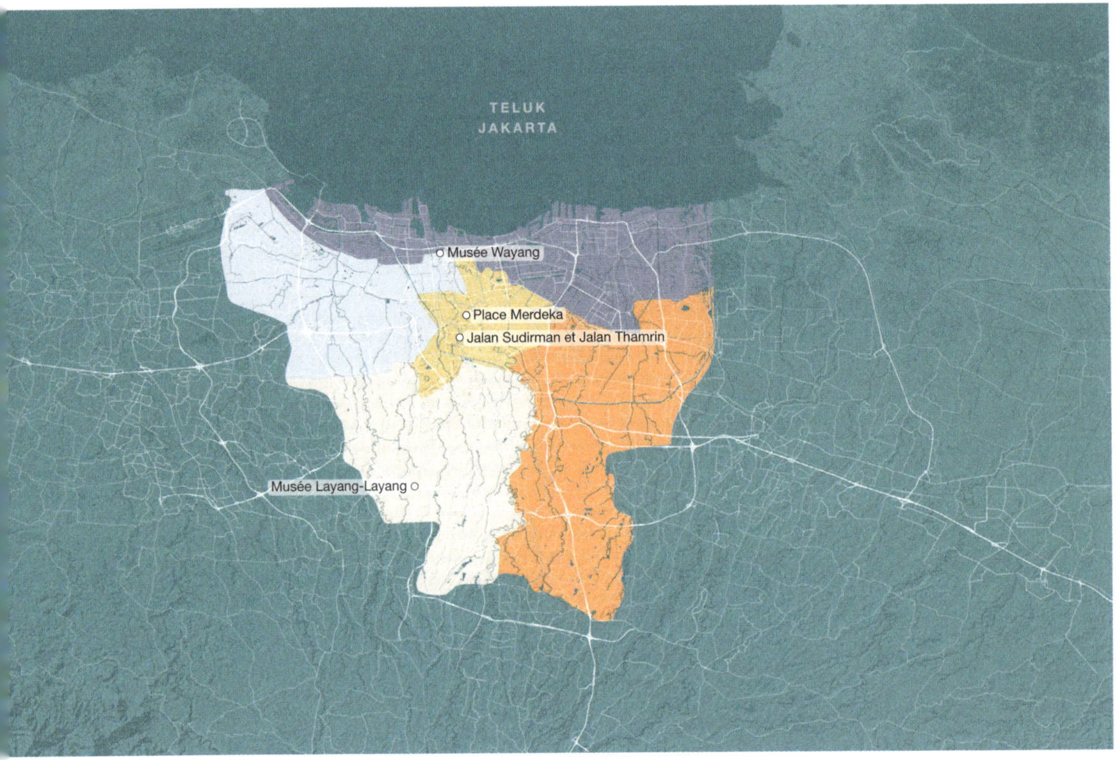

La future ex-capitale de l'Indonésie est depuis longtemps un point de chute pour les voyageurs qui souhaitent découvrir les forêts tropicales sauvages et les îles les plus éloignées du pays. En 2022, le gouvernement a annoncé qu'il allait se doter d'une nouvelle capitale, et quitter Jakarta en raison des inondations répétées et des difficultés chroniques de circulation. Cette ville cosmopolite restera néanmoins pour beaucoup le lieu où l'on peut s'offrir un peu de confort urbain avant de s'aventurer dans les coins les plus reculés du pays. Si elle n'est pas réputée pour la propreté de ses rues, Jakarta séduit néanmoins par son ambiance : des cocktails grandioses à savourer sur des rooftops vertigineux, une scène culinaire internationale

1 Creativa images/Shutterstock © 2 Rubianto/Shutterstock ©

phénoménale et bon nombre de musées avant-gardistes. Toutefois, tout cela pourrait changer avec le déménagement des instances du pouvoir : Nusantara, la prochaine capitale, sera située à pas moins de 1 288 km, sur l'île de Bornéo, ce qui entraînera probablement le départ de nombreuses personnes, et pourrait sonner la fin de certaines liaisons de transports, et sans doute d'un peu de la culture de Jakarta. 2024 est peut-être la dernière année où faire l'expérience de cette métropole historique et dynamique. Et voici par où commencer...

Un tour du monde culinaire

La scène gastronomique de Jakarta se distingue par ses saveurs internationales et la diversité de son offre. Vous y trouverez de tout, des établissements clinquants de centre commercial, comme la chaîne de restaurants Din Tai Fung (qui, avec ses *xiaolongbao*, des raviolis chinois, parfaits, a obtenu un Bib gourmand au guide Michelin) aux bols hawaïens. Marchés nocturnes et *food alleys* s'installent au pied des tours de bureaux pour régaler les employés qui y travaillent. Et, pour quelques dollars seulement, vous pourrez trouver de quoi vous nourrir copieusement et vous régaler (par exemple au *food court* extérieur de Lenggang Jakarta). Bien entendu, la cuisine locale n'est pas en reste - essayez le *nasi goreng* (riz sauté) et le *roti bakar* (pain au fromage, saucisses ou œufs) dans les maisons traditionnelles qui jalonnent la ville, comme Plataran Menteng, vénérable demeure avec des lustres et des salles à manger somptueuses.

3

Les incontournables

01 Une promenade sur Jalan Sudirman et Jalan Thamrin le dimanche matin, lorsque la circulation se fait plus calme sur ces avenues.

02 Le sommet (132 m) de la Monas Tower sur la place Merdeka dans le centre-ville, pour ses vues prodigieuses.

03 Un spectacle de marionnettes en bois au musée Wayang, qui possède une remarquable collection.

04 Les centaines de cerfs-volants cachés dans la maison traditionnelle qu'occupe le musée Layang-Layang (cherchez un énorme poisson, un cheval et un chariot).

Comment s'y rendre

L'aéroport international Soekarno-Hatta de Jakarta est une plaque tournante pour les vols à destination des nombreuses îles indonésiennes (avec l'aéroport Halim Perdanakusuma, plus petit). Il offre des liaisons internationales avec Amsterdam et Istanbul notamment.

Quand partir

Jakarta se visite idéalement entre juin et septembre. La saison humide, marquée par des pluies torrentielles, s'étend d'octobre à avril, avec un pic en janvier et février. Environ 40% de la ville se trouvent sous le niveau de la mer : elle est donc sujette à de graves inondations. Les quartiers nord s'enfonceraient de 28 cm par an, ce qui, combiné à l'élévation du niveau de la mer, menace à terme les infrastructures.

Le café à l'honneur

Les cafés sont aux habitants de Jakarta ce que les pubs sont aux Britanniques : des lieux ancrés dans la culture locale, où l'on se réunit entre amis jusqu'à des heures tardives. Les boissons caféinées ultra sophistiquées ont le vent en poupe. On trouve des microbrûleries dans toute la ville et les cafés indépendants sont nombreux, et de tous styles : colonial avec mobilier ancien et jazz en fond sonore (comme le Bakoel Koffie), moderne et luxueux (comme le One Fifteenth Coffee), ultra spécialisé à destination des connaisseurs, avec des cafés de toute l'Indonésie (comme le Tanamera Coffee), etc.

La ville des centres commerciaux

Jakarta compte plus de 200 centres commerciaux (un record). Ces espaces labyrinthiques climatisés regorgent non seulement d'articles

Jakarta est un vrai melting-pot de cultures et de cuisines. La vie nocturne y est aussi extraordinaire : je recommande particulièrement le Duck Down, le Lucy in the Sky, le Dragonfly, Billions et l'Embassy.

Ardy Wiraputra, natif de Jakarta, propriétaire du Packer Lodge

de créateurs et d'enseignes de la grande distribution, mais aussi de dizaines d'attractions : spas relaxants à l'abri du bruit de la circulation, cinémas, karaokés, boîtes de nuit, fontaines spectaculaires... Il y a même une grande roue sur le toit du centre commercial AEON. Mais il serait dommage que ces gigantesques villages commerciaux, incontournables à Jakarta, vous détournent complètement de la rue. Vous trouverez en effet à travers toute la ville des petits marchés locaux (comme celui de Petak Sembilan à Chinatown) et des boutiques originales (essayez dia.lo.gue pour des créations d'artistes indépendants). La brocante de Jalan Surabaya (Pasar Antik) est quant à elle un bon lieu où dénicher une statue en bois, des objets anciens ou des bijoux.

1 Le Wisma 46, l'un des gratte-ciel du centre de Jakarta **2** Le *wayang kulit* est la forme de théâtre de marionnettes la plus connue d'Indonésie **3** Une offre culinaire variée **4** Au bord du fleuve à Kampung Tongkol **5** Passerelle sur Jalan Sudirman, une avenue proche du GBK City Park **6** Le satay, une spécialité javanaise

PRAGUE, RÉPUBLIQUE TCHÈQUE

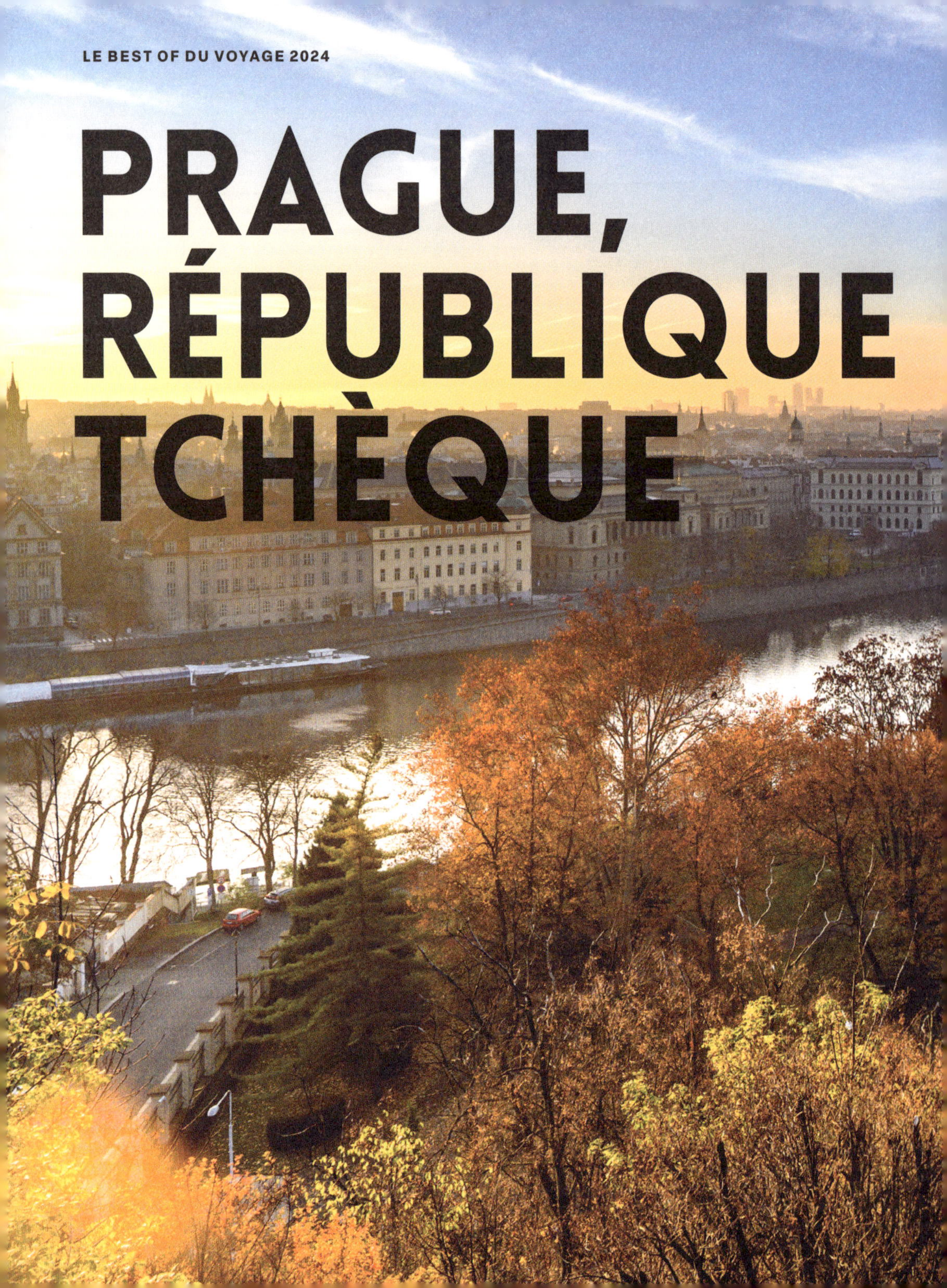

08

La capitale tchèque est une ville pleine de vitalité, avec un centre médiéval remarquablement préservé. Les sites emblématiques comme le château de Prague et le pont Charles attirent des foules de visiteurs, au point que, cette dernière décennie, ce tourisme de masse a pu quelque peu gâcher le charme de la ville. Le confinement lié au Covid-19 a donné aux autorités l'occasion de mettre un frein à cet emballement touristique et de repartir sur de nouvelles bases. Pour 2024, elles ont promis de mettre l'accent sur le *slow tourism* en limitant le nombre de visiteurs et en promouvant les sites situés dans les zones résidentielles à l'écart du centre.

1 Pyty/Shutterstock © 2 Francis Palma/Getty Images ©

2

Les incontournables

01 **Náplavka, un marché de producteurs** qui se tient le samedi matin sur les berges de la Vltava.

02 **La salle Smetana**, de style Art nouveau, fleuron de la Maison municipale : une sublime salle de concerts sous un dôme vitré.

03 **Le parc Stromovka**, au nord du centre, immense étendue de verdure très appréciée pour sa sérénité.

04 **Une Pilsner authentique** au Lokál, une brasserie tchèque typique au cadre moderne et élégant.

3 Xantana/Getty Images ©

3

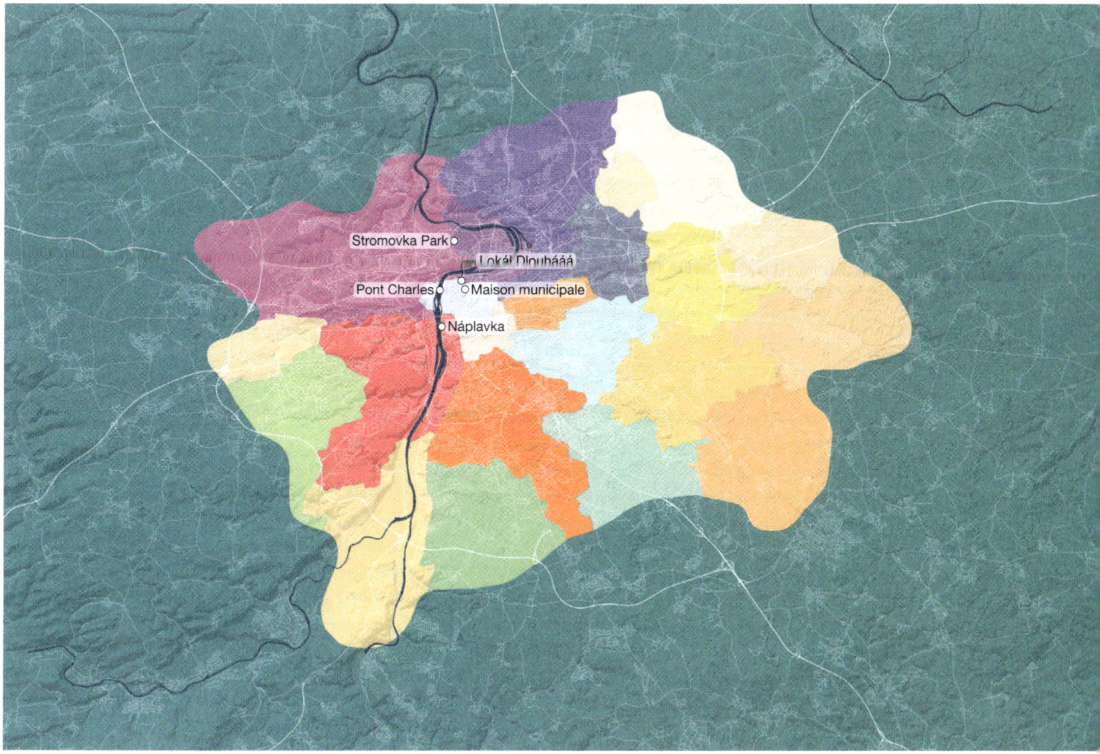

À la découverte des quartiers de Prague

La plupart des grands sites (le château de Prague, le pont Charles, la place de la Vieille-Ville, l'horloge astronomique et le Musée juif de Prague) sont concentrés dans une zone restreinte du centre historique. Les personnes découvrant Prague pour la première fois voudront (à juste titre) passer du temps dans ses rues pavées, pour admirer les trésors gothiques qui se cachent à chaque coin de rue. Mais il serait dommage de se limiter à ce périmètre. Prague a encore bien d'autres attraits, et le nouveau modèle de *slow tourism* mis en avant par la ville consiste précisément à encourager les visiteurs à explorer les quartiers périphériques, ceux que fréquentent les habitants eux-mêmes.

Ainsi, au sud du centre, la citadelle de Vyšehrad occupe une colline tranquille, attirant bien moins de touristes que les hauteurs du château de Prague. La forteresse qui se dressait ici il y a un millénaire rivalisait autrefois avec ce château en matière de splendeur. Aujourd'hui, le vaste parc, lieu de promenade prisé des Praguois, offre une belle vue sur la rivière. Vyšehrad abrite aussi un cimetière pittoresque où sont enterrés, entre autres, les grands compositeurs du XIXe siècle Antonín Dvořák et Bedřich Smetana, ainsi que le peintre Art nouveau Alfons Mucha.

Au sud-est du centre, le quartier résidentiel verdoyant de Vinohrady, notamment autour des stations de métro Jiřího z Poděbrad et Náměstí Míru, compte des dizaines de cafés, bars à vins, restaurants et pubs branchés (et peu de touristes). Au belvédère de Grebovka, dans le joli parc de Havlíčkovy, vous pourrez déguster des vins locaux.

4 Pacific Press/Getty Images © 5 Catarina Belova/Shutterstock © 6 Fabiano Waewell/Shutterstock ©

Dans la Vieille Ville, Perníčkův sen ("Rêve de pain d'épices") est une bonne adresse pour les petits pains d'épices traditionnels de Bohême, fourrés de confiture de prunes et de noix.

Eva Brejlová, guide touristique, Eating Prague

Au nord du centre, de l'autre côté de la Vltava, Holešovice est le quartier artistique émergent de Prague. Outre les superbes collections de la Galerie nationale exposées au Palais Veletržní, le plus récent centre d'art contemporain DOX a attiré dans son sillage un nombre croissant de galeries et de boutiques. Le quartier abrite également, sur un promontoire dominant la rivière, les jardins de Letná, où l'on trouve un *beer garden* aussi apprécié des touristes que de la population locale.

Le souvenir de Kafka

L'année 2024 marque le 100e anniversaire dela mort de l'écrivain praguois Franz Kafka (né en 1883). Plusieurs institutions et musées, dont le Musée juif de Prague, le DOX et le musée Franz Kafka, devraient organiser des expositions à cette occasion. Souvent considéré comme le père de la littérature tchèque moderne, Kafka mourut de la tuberculose dans un sanatorium près de Vienne le 3 juin 1924. Né dans une maison située tout près de la place de la Vieille-Ville, il vécut et travailla pour l'essentiel dans les environs. Kafka est enterré au nouveau cimetière juif de Prague, dans le quartier de Žižkov. Sa tombe est surmontée d'une colonne hexagonale ; une plaque rend également hommage à ses trois sœurs, mortes durant l'Holocauste.

La relation entre Prague et son illustre enfant n'a pas toujours été simple. Kafka était un auteur juif qui écrivait en allemand à une époque où Prague devenait une ville de langue tchèque. Durant les décennies qui suivirent la Seconde Guerre mondiale, les autorités communistes se montrèrent très gênées par les thèmes de prédilection de l'auteur, à savoir l'aliénation et les dérives de la bureaucratie. Cependant, l'intérêt des Tchèques pour l'œuvre de Kafka s'est accru au cours des dernières années ; et Prague est si présente dans son œuvre que c'en est presque un personnage à part entière.

1 La Vltava vue depuis les jardins de Letná **2** L'ossuaire de Sedlec, à Kutná Hora (à 70 km à l'est de Prague) **3** Le pont Charles et ses statues **4** Sculpture cinétique de Franz Kafka par l'artiste David Černý **5** L'horloge astronomique de l'hôtel de ville **6** Un bac permettant de rejoindre une île du Stromovka

Comment s'y rendre

Prague est facilement accessible par le train ou la route depuis toute l'Europe. L'aéroport Václav Havel est sa principale plateforme aérienne.

Quand partir

De juin à août, les touristes sont nombreux et la chaleur peut être inconfortable. Le printemps et l'automne offrent des températures plus douces et un temps souvent ensoleillé. L'hiver voit une forte baisse du nombre de visiteurs et offre l'occasion de voir Prague drapée de neige.

À lire

Parmi les ouvrages de référence figurent *Le Château* de Franz Kafka et *Le Premier Printemps de Prague*, de Heda Margolius Kovály.

İZMIR, TURQUIE

09

Réputée pour sa qualité de vie, İzmir est pourtant souvent reléguée au second plan par rapport à Istanbul. Aujourd'hui, sa situation en bord de mer, sa cuisine égéenne, la valorisation de son patrimoine et le renouveau de sa culture contemporaine lui valent de revenir sur le devant de la scène. Ceux qui choisiront de s'y rendre avant que le lieu n'attire davantage de touristes auront l'agréable surprise d'y trouver un vieux bazar animé, un festival annuel de musique et de danse très prisé, de nouveaux lieux artistiques et culturels, une région viticole en plein essor et un accès facile à de magnifiques plages et à des ruines antiques.

1 Nejdet Duzen/Shutterstock © 2 ernhkm/Getty Images ©

Les incontournables

01 **Un repas en bord de mer** à base de poisson frais et de mezze accompagnés de rakı à Balıkçı Hasan, Deniz ou Veli Usta.

02 **Le quartier historique du bazar de Kemeraltı** et ses échoppes variées.

03 **Le festival international d'İzmir**, qui propose des concerts et des spectacles de danse en juin et juillet dans des lieux uniques tels que l'agora romaine antique.

04 **Une dégustation de vins locaux** produits par de petits viticulteurs dans les collines d'Urla, à l'ouest, sur la côte.

3 Hatice Bakcepinar/Shutterstock ©

Troisième ville de Turquie, İzmir (l'ancienne Smyrne) est une cité côtière dont l'atmosphère décontractée et conviviale, ces dernières années, a attiré nombre d'habitants loin de l'effervescence d'İstanbul. Ses charmes attendent toutefois encore d'être découverts par les visiteurs étrangers, pour qui, souvent, la ville n'est qu'une escale de croisière ou une porte d'accès aux ruines d'Éphèse, situées à 85 km environ au sud.

Le cœur battant d'İzmir est son *Kordonboyu*, front de mer de 1,7 km longeant une vaste baie, où la population locale vient flâner et s'amuser durant les 300 jours de soleil dont s'enorgueillit la ville. Bien manger (et bien boire) est ici un art de vivre. Les plats sont cuisinés avec l'huile d'olive de la région et un grand nombre d'herbes sauvages égéennes, ou d'autres légumes verts (collectivement connus sous le nom d'*ot*). On y perçoit les influences des communautés grecque, levantine et juive qui prédominaient dans la ville avant qu'elle ne soit dévastée par la guerre d'indépendance turque et par un gigantesque incendie en 1922.

Entre passé et avenir

Une grande partie de la ville a dû être reconstruite après ces événements, d'où l'aspect moderne

1 Le grand théâtre grec antique d'Éphèse **2** La Turquie est un grand pays viticole **3** Une boulangerie dans Anafartalar Caddesi **4** L'agora romaine **5** L'Orchestre de chambre de Vienne en concert à Éphèse **6** Criques de la péninsule de Karaburun

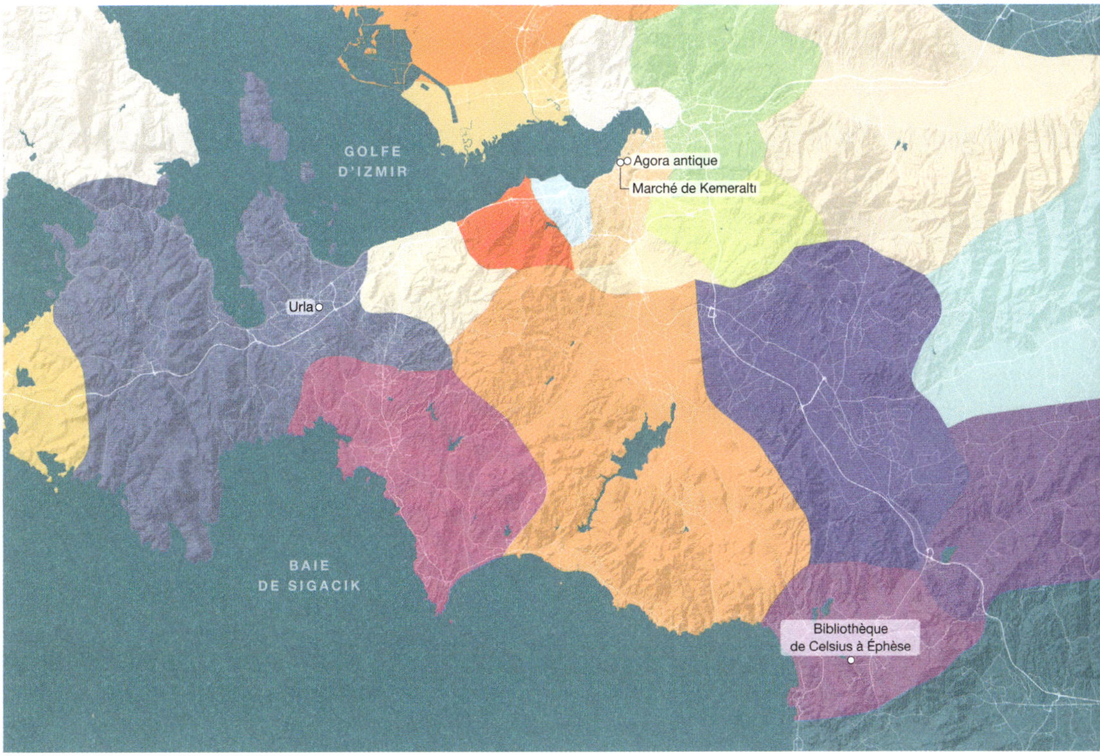

4 Uskarp/Shutterstock © 5 Anadolu Agency/Getty Images © 6 nejdetduzen/Getty Images ©

C'est une ville hédoniste ; il ne se passe rien avant 10 heures du matin, puis les rues se remplissent de gens en train de manger, boire ou se promener. Le soleil est souvent au rendez-vous, on se sent bien.

Nüket Franco, guide touristique de Culinary Backstreets

qu'elle arbore aujourd'hui, mais İzmir renoue depuis peu avec son histoire. Parmi les neuf synagogues qui se trouvaient autrefois dans le quartier central du bazar de Kemeraltı, plusieurs sont en train d'être restaurées, et de nouvelles fouilles sont en cours dans l'agora romaine voisine, ainsi qu'à Kadifekale, château du IIIe siècle av. J.-C. perché au sommet d'une colline. Un théâtre antique récemment découvert entre l'agora et le château devrait être partiellement ouvert aux visiteurs en 2024.

La culture contemporaine d'İzmir est également en plein renouveau : de jeunes artistes installent des ateliers et espaces indépendants comme Darağaç et Çatı Açık Sanat Alanı dans l'ancien quartier industriel d'Umurbey, derrière la gare d'Alsancak. Ils rejoignent ainsi des acteurs culturels plus établis, comme le centre d'art contemporain K2 dans le quartier branché d'Alsancak, et le centre d'art Arkas dans une demeure centenaire du front de mer. Une ancienne usine d'Alsancak a déjà été convertie en centre culturel et artistique, et une autre est en cours de rénovation. Une biennale méditerranéenne d'İzmir devrait également être inaugurée.

6

Ruines romaines, bons vins et plages isolées
İzmir est aussi une excellente base pour explorer la région. Les magnifiques ruines antiques d'Éphèse, le joli village perché de Şirince, les sites historiques de Selçuk et les vignobles de Yedi Bilgeler ne sont qu'à une heure de route au sud. À 30 km au nord-ouest de la ville, une réserve naturelle abrite plus de 200 espèces d'oiseaux, dont des flamants roses, des cigognes et des pélicans. Vous y trouverez aussi la charmante ville balnéaire de Foça.

À l'ouest d'İzmir, les péninsules d'Urla, de Çeşme et de Karaburun s'avancent sur la mer Égée, frôlant l'île grecque de Chios. Leurs côtes sinueuses sont parsemées de petites plages et de stations balnéaires. Alaçatı, prisée des véliplanchistes, regorge d'hôtels de charme et de restaurants haut de gamme. Çeşme a une ambiance plus calme et familiale. Quant à Urla, elle s'enorgueillit d'une route des vins et d'un artisanat en plein essor.

Comment s'y rendre

Des vols directs desservent İzmir depuis Paris et İstanbul notamment. Depuis İstanbul, il faut compter 5 heures en voiture ; en train, prévoir une correspondance à Eskişehir (14 heures de voyage en tout) ou Balıkesir (via le ferry pour Bandırma ; service hivernal limité, 9 heures de voyage au total).

Quand partir

Les hivers sont relativement doux et, l'été, d'agréables brises provenant de la baie atténuent les grosses chaleurs.

À lire

Le Paradis perdu : 1922 du journaliste Giles Milton nous plonge au cœur d'une période historique tragique.

KANSAS CITY, ÉTATS-UNIS

10

Kansas City, la plus grande ville du Missouri, célèbre pour son jazz, ses barbecues et ses musées, est plus attrayante que jamais. L'année 2024 s'annonce prometteuse, qu'il s'agisse de grandes premières sportives ou de revitalisation de l'espace urbain. Qui plus est, avec l'ouverture d'un terminal aéroportuaire ultramoderne et l'extension de la ligne de tramway gratuite qui traverse le centre de la ville, le "cœur de l'Amérique" soigne l'accueil de ses visiteurs.

Capitale américaine du foot

L'amour du sport est profondément ancré dans la culture du Midwest, et Kansas City se targue devenir la "Soccer Capital of America"

1 TriggerPhoto/Getty Images © 2 Raymond Boyd/Getty Images ©

Les incontournables

01 Une grillade dans un des célèbres restaurants de barbecue de Kansas City : Joe's, Arthur Bryant's, Gates et Jack Stack.

02 Un tour du monde culinaire : rendez-vous à Baba's Pantry pour une authentique cuisine palestinienne et au Café Ollama pour des boissons mexicaines.

03 Durant la Prohibition, Kansas City était surnommée "le Paris des Plaines", l'approvisionnement en alcool n'y ayant jamais cessé grâce au politicien Tom Pendergast. L'esprit et les alcools de cette époque ont été ressuscités par des distilleries comme J Rieger et Tom's Town.

3 Carmen Mandato/Getty Images ©

(capitale américaine du football). Un titre autoproclamé, certes, mais pas immérité : la ville accueillera plusieurs matchs de la Coupe du monde 2026 (organisée conjointement par les États-Unis, le Canada et le Mexique), ce qui en fera la plus petite des onze métropoles américaines sélectionnées. Kansas City est également en train de bâtir le premier stade spécialement conçu pour une équipe de la National Women's Soccer League, le championnat américain de football féminin. Ouverture prévue pour la saison 2024.

Repenser le tissu urbain

Comme de nombreuses villes américaines, Kansas City a souffert d'un développement urbain axé sur la voiture, mais la municipalité a commencé à faire marche arrière. Une extension du tramway, qui traverse actuellement le centre-ville, sera inaugurée à la fin de l'année 2024. Elle passera par le quartier des bars de Westport, l'excellent musée d'art Nelson-Atkins (dont les collections couvrent la peinture européenne, l'art oriental comme la photographie) et la Country Club Plaza, une zone commerciale en plein air vieille de 100 ans, dotée d'une architecture espagnole imitant celle de Séville.

1 Le tramway dans Main Street **2** 18th and Vine, l'adresse historique du jazz à Kansas City **3** Le footballeur Skyy Moore célébrant la victoire des Chiefs au Super Bowl 2023 **4** Kansas City abrite les "Big Four" du barbecue **5** Downtown **6** Ambiance espagnole autour de la Country Club Plaza

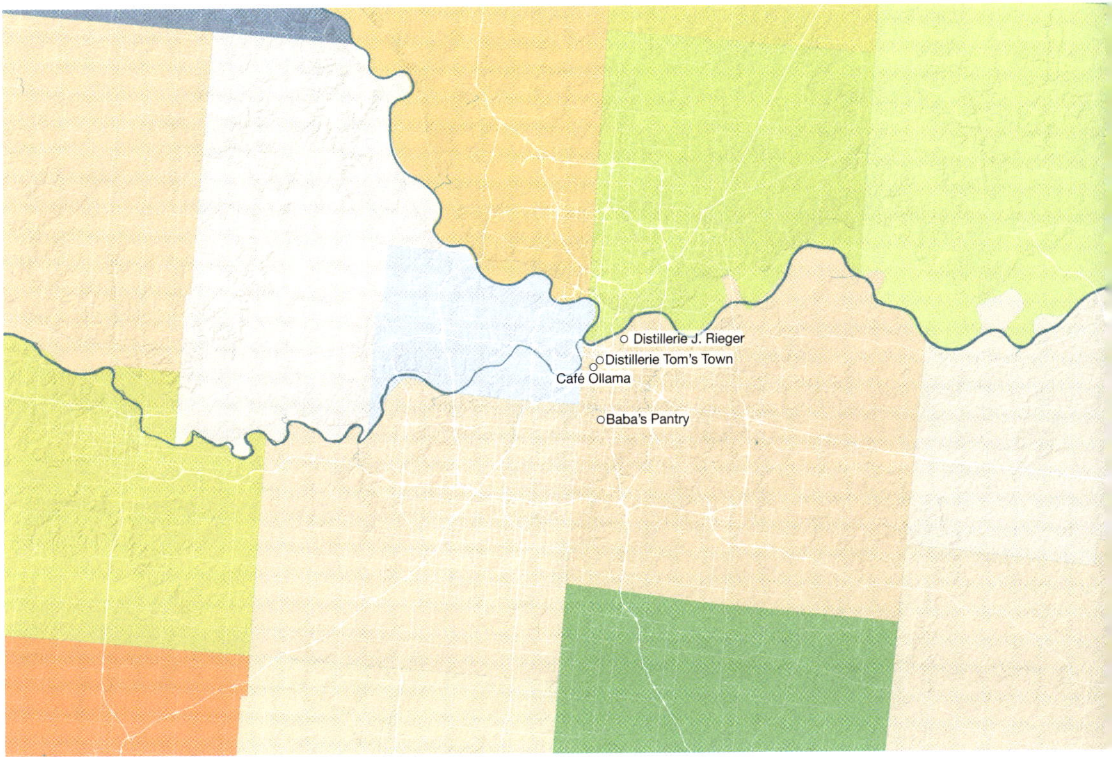

4 Mohammad-amin asareh/Shutterstock © 5 Wirestock/Getty Images © 6 Derek Slagle/Getty Images ©

J'aime vivre à Kansas City : sa riche histoire, sa scène artistique dynamique et son esprit de solidarité me portent et me poussent à exprimer ma créativité.

Kemet Coleman, musicien et cofondateur de la Vine Street Brewing Co.

Le quartier noir historique de 18th and Vine, berceau du jazz à Kansas City, redonne vie à des édifices abandonnés. Ainsi, un bâtiment du service des eaux datant des années 1870 abritera un musée d'art et une brasserie.

Kansas City se trouve au confluent des rivières Kansas et Missouri. Ces voies navigables autrefois négligées font désormais l'objet d'une attention particulière. Le Rock Island Railway Bridge, un pont inauguré en 1905, est en train d'être réaménagé pour accueillir des restaurants et des bars surplombant les eaux du Kansas. Leur ouverture est prévue pour 2024. Des projets visant la création d'un parcours de tyroliennes franchissant la rivière sont également à l'étude.

La nouvelle porte d'entrée de Kansas City

Le mois de février devrait voir l'achèvement d'un chantier de construction majeur pour la ville : le nouveau terminal de l'aéroport international de Kansas City. Tout a été pensé pour le confort des voyageurs, à l'image des sièges des espaces d'attente, équipés de système de recharge sans fil. Des toilettes non genrées sont également prévues, ainsi que des aires de jeux accessibles. Un simulateur, premier du genre dans un aéroport américain, propose aux voyageurs

peu aguerris de s'entraîner virtuellement au processus d'enregistrement des bagages, de passage de la sécurité et d'embarquement. Il a été pensé particulièrement pour les voyageurs handicapés, les personnes autistes, et ceux qui tout simplement appréhendent de prendre l'avion.

Le nouveau terminal de l'aéroport de Kansas City s'efforce aussi de valoriser tout ce qui est local : plafonds en bois de pruche du Missouri, murs en pierre calcaire extraite dans la région (et incrustée de fossiles), mais aussi œuvres d'artistes des environs, et enseignes de restauration locales.

Comment s'y rendre

L'aéroport accueille surtout des vols intérieurs, ainsi que quelques vols vers le Canada, le Mexique et les Caraïbes. Les trains arrivent à l'Union Station, au cœur de Kansas City. Inaugurée en 1914 et construite dans le style Beaux-Arts, c'est l'une des plus belles gares des États-Unis. Vous y trouverez des trains Amtrak à destination de Saint-Louis, Chicago et Los Angeles. Pratiquement abandonnée dans les années 1980, la gare fêtera le 25e anniversaire de sa réouverture en 2024.

Quand partir

Située au cœur du continent américain, Kansas City connaît des étés chauds et humides et des hivers froids où il gèle régulièrement.

LONELY PLANET

LE BEST OF DU VOYAGE 2024

TOP 10 DES RÉGIONS

Trans Dinarica, Balkans occidentaux
Kangaroo Island, Australie-Méridionale / Toscane, Italie
Donegal, Irlande / Pays basque, Espagne / Thaïlande du Sud
Côte swahilie, Tanzanie / Montana, États-Unis
Saalfelden Leogang, Autriche / Écosse septentrionale

01

TRANS DINARICA, BALKANS OCCIDENTAUX

La Trans Dinarica, premier itinéraire cyclable reliant en 80 étapes l'intégralité des Balkans occidentaux, devrait être achevée en 2024. Traversant huit pays (Slovénie, Croatie, Bosnie-Herzégovine, Monténégro, Albanie, Macédoine du Nord, Kosovo et Serbie), elle sillonne sur 3 364 km des paysages de montagne, de bord de mer, de lacs et de rivières. De difficulté moyenne – avec des étapes quotidiennes de 50 km environ –, elle encourage la découverte de sites de l'Unesco, de parcs nationaux et de villages témoins d'une culture ancestrale, le tout dans une démarche durable.

1 Uroš Švigelj / Courtesy GoodPlace © 2 Creative Travel Projects ©

Les incontournables

01 **Le musée de Kobarid**, en Slovénie, consacré au front de l'Isonzo (ou de la Soča) pendant la Seconde Guerre mondiale, pour mieux comprendre l'histoire de la région.

02 **Le palais de Dioclétien**, icône de la ville de Split, en Croatie, où vécut l'empereur romain après son abdication.

03 **Le pont ottoman de Mostar**, en Bosnie-Herzégovine, reconstruit en 2004 ; ce symbole de la réconciliation est aussi réputé pour ses compétitions de plongeons.

04 **Le lac d'Ohrid**, site naturel et culturel du Patrimoine mondial à cheval entre l'Albanie et la Macédoine du Nord.

3 Nataliia Budianska/Shutterstock ©

Entre monts et mer

Point de départ de la Trans Dinarica, Kobarid en Slovénie (décrite par Hemingway dans *L'Adieu aux armes* comme "une petite ville proprette, avec une jolie fontaine sur la place") en offre aussi le premier paysage remarquable. Lovée dans les Alpes juliennes, à l'extrémité sud-ouest du parc national du Triglav, elle borde les eaux aigue-marine de la Soča. Le tracé vire ensuite au sud vers les grottes de Škocjan, classées par l'Unesco, puis s'enfonce dans la Croatie, vers la ville adriatique de Rijeka.

Les Alpes dinariques à l'est et le bleu cobalt de l'Adriatique à l'ouest, une succession de paisibles routes bitumées et de sentiers forestiers sympathiques (à l'image du reste de cet itinéraire) longe la côte. Vous enchaînerez six parcs nationaux croates, dont celui des lacs de Plitvice, ponctué de cascades, et celui de Paklenica, paradis de l'escalade. Chemin faisant, Zadar et Split - villes romaines inscrites au Patrimoine mondial - manifestent la teneur autant culturelle que sportive de cette odyssée.

L'appel de l'aventure

Région inexplorée pour bien des cyclistes, la Bosnie-Herzégovine est une terre de découvertes inattendues. Ce pays en forme de cœur abrite les Alpes dinariques profondes, une contrée à la culture séculaire. Vous ondulerez au gré de villages aussi retirés qu'hospitaliers avant de descendre la vallée de la Neretva jusqu'à la ville de Mostar (voir p. 96), dont le pont ottoman classé par l'Unesco sert de plongeoir aux trompe-la-mort.

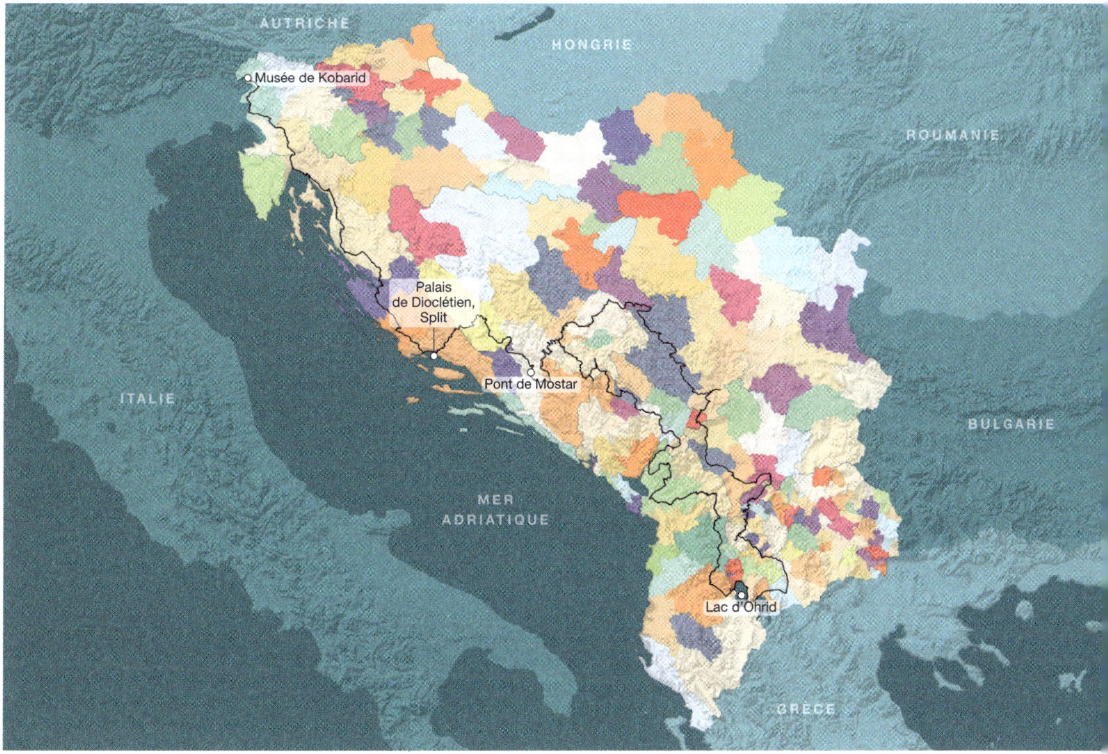

4 Uroš Švigelj / Courtesy GoodPlace © 5 Kirk Fisher/Shutterstock © 6 Vlada Z/Shutterstock ©

Le vélo est une manière idéale d'explorer les Balkans occidentaux. Cette région plaira aux amoureux de culture et d'aventure, aimant terminer la journée avec un bon verre de vin !

Jan Klavora, co-concepteur de la Trans Dinarica

Repu de plats traditionnels comme le *burek* (feuilleté garni de viande) et les *ćevapi* (saucisses servies dans un pita), vous entrerez au Monténégro par le canyon de la Tara, gorge la plus profonde d'Europe. Par monts et par vaux, vous gagnerez le parc national de Durmitor, site monténégrin de l'Unesco couronné par le Bobotov Kuk (2 523 m). Viennent ensuite le lac de Skadar, une réserve ornithologique protégée, et le parc national de Teth, dans les majestueuses "Alpes albanaises". Le spectacle continue au sud avec le lac d'Ohrid, plus vieux lac d'Europe : celui-ci a le rare privilège d'être inscrit au Patrimoine mondial à la fois en tant que site naturel et culturel.

À la croisée des empires

Passant du lac d'Ohrid à celui de Prespa, partagé entre l'Albanie, la Grèce et la Macédoine du Nord, vous entrez dans ce dernier pays. Pédalant vers le nord, vous sentirez peser le passé sur ces territoires que les royaumes et les empires se sont disputés pendant des millénaires. Grèce antique, Macédoine, Rome, Byzance et Empire ottoman y ont tissé une histoire complexe.

Arrivé au Kosovo, dans les contreforts des monts Shar, l'itinéraire pénètre à Prizren,

une ville à l'architecture ottomane traversée par la rivière Lumbardhi. Au nord s'étend la Serbie, huitième pays de la Trans Dinarica. Le parcours longe la frontière occidentale serbe jusqu'aux stations de ski de Zlatibor et Mokra Gora. Les forêts denses et le canyon de la Drina vous font traverser le parc national de Tara, puis l'itinéraire regagne la Bosnie vers l'ouest pour une boucle parcourant les six pays les plus au sud.
À Sarajevo, la capitale historique, les appels des muezzins se mêlent au son des cloches d'église sur la Miljacka pour saluer votre retour triomphal.

1 Pause en Slovénie **2** Vue depuis le pont de Đurđevića Tara, Monténégro **3** Split, ville au cœur romain **4** Les Alpes juliennes à vélo, Slovénie **5** Le grand saut à Mostar **6** La Tara dans le parc national de Durmitor

Comment s'y rendre

L'itinéraire passe par toutes les capitales des Balkans occidentaux. Le plus logique est de le rejoindre par Ljubljana, en Slovénie : le train (2 heures 30) vous emmènera à quelques kilomètres du départ de la Trans Dinarica.

Quand partir

L'itinéraire est praticable toute l'année sauf en hiver. Les périodes les plus propices s'étendent de mai à juin et de septembre à mi-octobre, lorsque la météo est stable, avec des températures agréables.

Quel vélo choisir

Conçu pour être accessible à tous, l'itinéraire mêle routes tranquilles, pistes de gravier tassé et sentiers forestiers. Un gravel bike est idéal.

KANGAROO ISLAND, AUSTRALIE

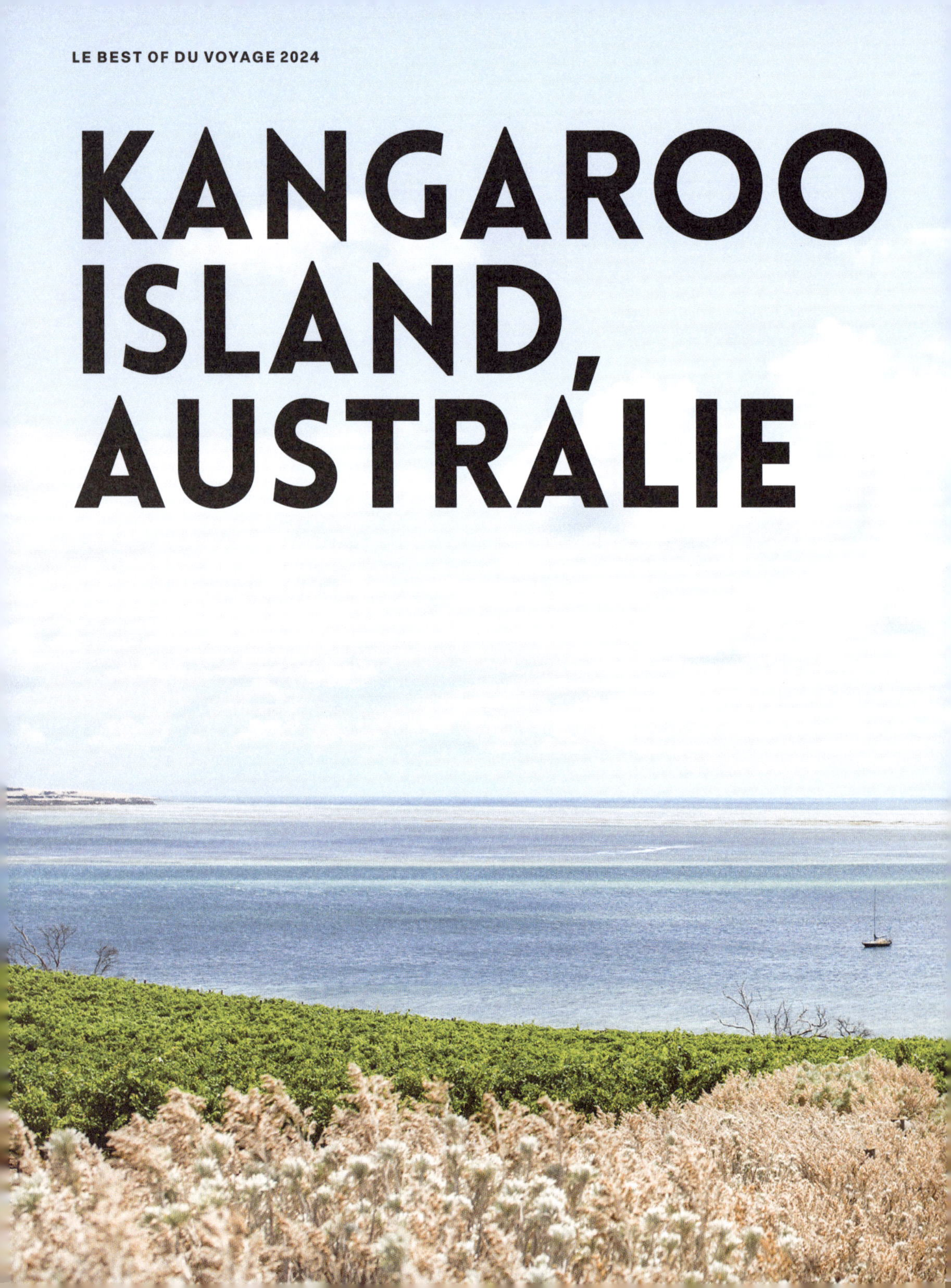

02

Kangaroo Island – ou K.I., comme l'appellent les habitants – a une saveur unique. Cette île australienne à la fois déroutante et enthousiasmante, la troisième du pays par la taille, se trouve à seulement 40 minutes d'avion d'Adélaïde, la capitale de l'Australie-Méridionale. Le visiteur pourra déguster des produits locaux, rencontrer d'adorables animaux typiques de la faune australienne et découvrir des plages d'exception, pour certaines désertes : K.I., bien plus grande que Singapour ou Bali, est étonnamment isolée, et jouit de pas de moins de 540 km de littoral superbe.

1 Meaghan Coles © 2 Phuong D. Nguyen/Shutterstock ©

Une île sanctuaire

Ce territoire isolé du reste de l'Australie est un refuge idéal pour la faune, et notamment les espèces en danger. On y voit des kangourous bondir sur les routes, des koalas nicher à la cime des eucalyptus, et d'adorables échidnés se pavaner tranquillement dans le scrub, tous piquants dehors. Propices à la plongée et au snorkeling, les eaux qui baignent l'île sont fréquentées par des dauphins, des manchots mais aussi le rare dragon de mer feuillu. Kangaroo Island héberge aussi une imposante colonie de lions de mer : le Seal Bay Conservation Park permet d'observer de manière responsable cet animal sauvage, tandis qu'il se repose et joue sur la plage.

Des régions entières de l'île sont sillonnées de routes non goudronnées où la couverture réseau est inexistante – la magie de l'expérience n'en est que renforcée : on s'échappe du quotidien pour renouer avec la nature et l'instant présent.

Un étonnant renouveau

L'"été noir" de 2019-2020 fut marqué par les pires feux de brousse jamais enregistrés sur l'île : plus de la moitié des terres furent calcinées. Les conséquences furent terribles pour les espèces animales indigènes et les troupeaux, et affectèrent également la population insulaire. Pourtant, partout le bush prouve sa capacité à se regénérer et sa résilience (et on peut en dire autant

Les incontournables

01 **Kangaroo Island Spirits**, la plus ancienne distillerie d'Australie spécialisée dans le gin. Vous en repartirez avec un gin épicé ou sucré assemblé par vos soins.

02 **Stokes Bay**, admirable plage "secrète" protégée de l'assaut des foules par un réseau de grottes étroites.

03 **Le Seal Bay Conservation Park**, l'une des plus importantes colonies de reproduction des lions de mer australiens, une espèce en danger. Avec un peu de chance, vous apercevrez leurs bébés, aptes à faire fondre les cœurs les plus endurcis.

Comment s'y rendre

Un ferry transporte voitures et passagers de Cape Jervis à Kangaroo Island, et des vols relient quotidiennement Adélaïde à Kingscote, la localité principale de l'île, en 40 minutes.

Quand partir

L'île offre son plus beau visage durant l'été (jan-fév), mais récompense aussi ceux qui s'y risquent au début de l'automne (mars-avr) ou au printemps (sept-nov).

des habitants). Visiter K.I. aujourd'hui est une occasion unique d'assister à la résurrection d'un paysage. Mettez le cap, en voiture, sur les Remarkable Rocks et l'Admirals Arch - sites naturels majeurs de K.I. En traversant le vaste Flinders Chase National Park, vous verrez des touffes de verdure éblouissante jaillir des troncs carbonisés, dont les branches nues se tordent vers le ciel. Cerise sur le gâteau de la renaissance de ce vaste jardin, 2024 doit voir la réouverture d'un remarquable centre d'accueil des visiteurs, devant la principale entrée du parc.

Gastronomie et paysages

Kangaroo Island se relève également sur le plan économique. En 2024, la fréquence des liaisons de ferry entre Cape Jervis, en Australie-Méridionale, et la jolie enclave

Les fermiers, petits producteurs et habitants de l'île ont toujours une expérience unique à vous recommander ou une histoire à partager. De préférence autour d'un bon plat ou d'un verre de vin !

Dylan et Yolandi Pitallo, propriétaires et cuisiniers de The Odd Plate

côtière de Penneshaw, sera augmentée afin de faciliter l'accès des voyageurs.

Quand vient l'heure de se restaurer sur Kangaroo Islands, tout est une question d'emplacement ; il faut dire que cette île exerce sa séduction tant sur les papilles que sur les yeux – que l'on savoure un rosé pétillant de Bay of Shoals Wines, face aux voiliers qui tanguent dans la baie, par-delà les vignes ; une délicieuse glace, une bière acidulée ou un pop-corn au miel d'abeilles liguriennes (endémiques de l'île) ; ou encore un dîner fabuleux au "Gastronomo", sous les branches énormes et sinueuses d'un figuier vieux de 120 ans.

1 Bay of Shoals Wines **2** Sous l'Admirals Arch, dans le Flinders Chase National Park **3** Panorama des Remarkable Rocks **4** Western River Cove, sur le rivage nord de K.I. **5** Remarkable Rocks **6** Jeunes lions de mer australiens au Seal Bay Conservation Park

TOSCANE, ITALIE

La Toscane est une ode à la dolce vita et à la *slow life*. Les nouvelles expériences qu'elle propose, de chemins de randonnée en redécouverte de la *cucina contadina* (cuisine paysanne), restent en parfaite symbiose avec la terre. Par ailleurs, une cinquantaine de ses villages témoignent du patrimoine étrusque, tandis que dans le Val di Chiana, une vallée rurale, les archéologues remettent au goût du jour la sagesse des préceptes antiques.

Découvertes étrusco-romaines

En 2022, 24 statues étrusco-romaines en bronze furent exhumées à San Casciano dei Bagni. Depuis, les fouilles scrupuleuses menées dans les thermes de cette station médiévale

1 StevanZZ/Shutterstock © 2 Suttipong Sutiratanachai/Getty Images ©

Les incontournables

01 Le Duomo et le Museo Civico de la ville de Sienne, dont les œuvres illustrent une période s'étendant du Moyen Âge à la Renaissance.

02 La Piazza Grande d'Arezzo, pour une *passeggiata* (promenade) et un *aperitivo* (apéritif) plein de charme.

03 Le Caffè Poliziano à Montepulciano, pour un verre de Vino Nobile dans un édifice du XIXe siècle avec vue sur le Val di Chiana au soleil couchant.

04 Le départ du Tour de France, la plus célèbre course cycliste au monde, à Florence le 29 juin 2024.

3 poludziber/Shutterstock ©

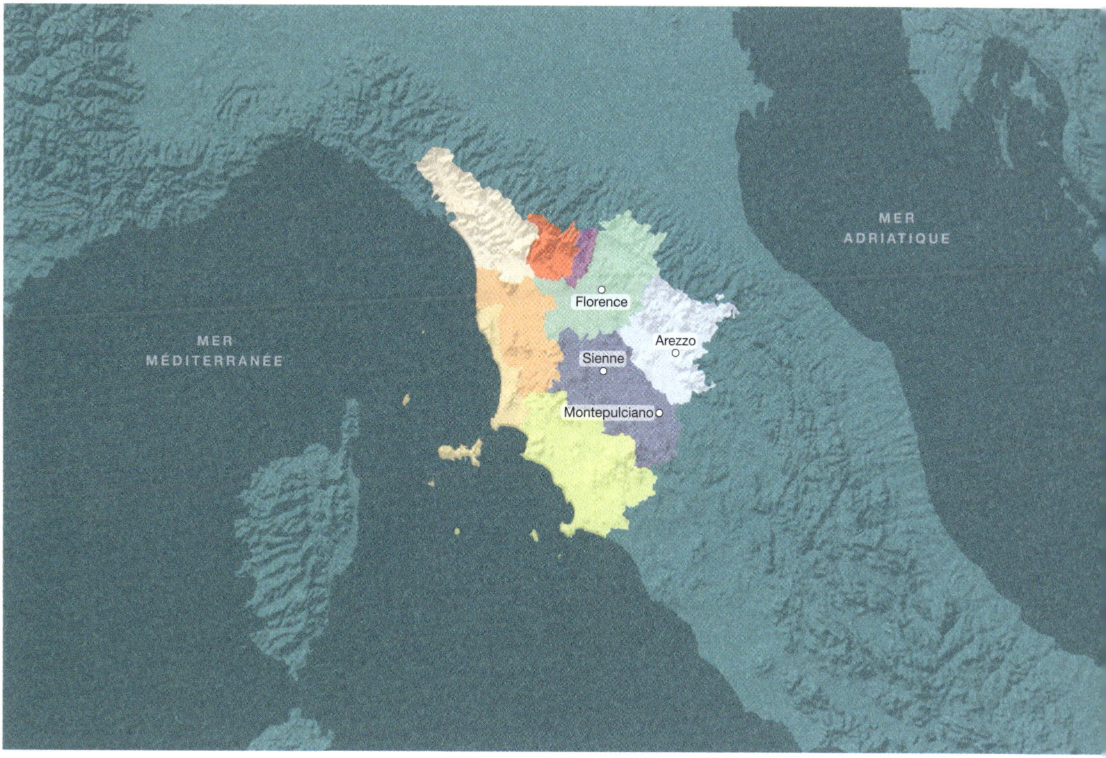

font l'objet d'un regain d'intérêt, car le Santuario Ritrovato (le "sanctuaire retrouvé") s'avère atteindre des proportions bien plus monumentales que celles qu'anticipaient les archéologues. Combien d'artéfacts inestimables restent encore à découvrir ?

Les Étrusques fréquentaient aux IIe et Ier siècles av. J.-C. ces bassins alimentés par 42 sources chaudes naturelles. De même que les Romains, ils vénéraient les divinités qui conféraient à ces eaux leurs vertus curatives. C'est ainsi que des artisans locaux réalisèrent pour des familles fortunées de délicates statues en bronze d'Apollon, Hygie ou encore Fortuna. Au IIIe siècle, les Romains (hédonistes s'il en fut) firent agrandir les thermes, et l'empereur Auguste (62 av. J.-C.-13 environ) priant pour sa santé fit offrande de pièces en bronze, en argent et en orichalque à leur effigie. Les bronzes votifs miniatures découverts en 2022 (un bébé emmaillotté, des oreilles, divers membres dont un pénis…) indiquent les états et parties du corps qu'Étrusques et Romains, soucieux de leur bien-être, cherchaient à soigner ou à apaiser dans ces eaux médicinales. L'année 2024 augure l'ouverture d'un parc archéologique à part entière, avec des visites guidées offertes par les archéologues du site.

La Toscane ressuscitée

Ce trésor mis au jour à San Casciano dei Bagni sera présenté en 2024 dans le Palazzo dell'Arcipretura, un édifice du XVIe siècle. Il devrait offrir une plongée saisissante

L'heure est enfin venue de révéler les trésors cachés et les merveilles de la Toscane. Grâce au projet Uffizi Diffusi, les œuvres de nos dépôts retrouvent le lieu originel de leur création.

Eike Schmidt, directeur de la Galerie des Offices

dans l'histoire encore énigmatique de la civilisation étrusque. Une visite intéressante, en complément de celle de la "Città Sotterranea" du Museo Civico de Chiusi, qui explore l'univers des inscriptions étrusques, et de la fascinante exposition du Museo Archeologico de Chianciano Terme sur les femmes étrusques.

Si l'on s'interroge sur les raisons qui ont pu pousser les Étrusques à s'installer en Toscane au IXe siècle av. J.-C., il suffit de contempler les champs de blé dorés, les pâturages constellés de fleurs, les forêts où s'ébattent les sangliers et les vignobles gorgés de soleil qui tapissent les versants du Val di Chiana. Sur les hauteurs de San Casciano, les maisons de pierre médiévales s'étagent jusqu'au clocher de la Chiesa di San Leonardo, en un tableau typiquement toscan. Les marchés de producteurs et les *trattorie* de la vallée débordent plus que jamais de produits locaux : chianina (race bovine originaire de la vallée) extra, *pecorino rosso* en croûte de tomate, vin rouge Vino Nobile di Montepulciano… D'ici 2024, le réseau de tourisme durable Valdichiana

Active réunira d'ailleurs plusieurs dizaines de domaines viticoles le long d'une route des vins praticable à pied, à vélo ou à cheval.

Parachevez cette communion avec l'esprit ancestral de la Toscane en suivant les panneaux "*Terme acqua calda*" jusqu'aux trois bassins de travertin romains situés au pied de San Casciano, encore accessibles gratuitement. Un bain nocturne dans ces eaux à près de 40°C, sous un ciel étoilé, ne vous laissera pas de marbre.

1 La Chiesa di San Biagio, église du XVIe siècle au pied de Montepulciano **2** Le Duomo de Sienne, chef-d'œuvre gothique **3** La Piazza Grande à Arezzo **4** La chianina, race bovine toscane prisée **5** Bronze étrusque exhumé à San Casciano dei Bagni **6** Sienne, à la silhouette presque inchangée depuis la Renaissance

Comment s'y rendre

Train ou avion pour Pise ou Florence, voiture ou bus/train pour Sienne/Arezzo, et vélo électrique pour explorer les paysages ruraux de la vallée. Vous pourrez louer un vélo électrique à Sienne.

Quand partir

Mai, juin, septembre et octobre : les températures sont douces, les chemins sont bordés de fleurs sauvages et la fréquentation touristique est moins forte qu'en été.

À lire

L'Étrusque de Mika Wiltari, histoire d'un jeune homme en quête de sens entre la Grèce et la Toscane en 480 av. J.-C.

DONEGAL, IRLANDE

04

Fort du plus long littoral d'Irlande et de plus de 100 îles, le Donegal, comté le plus septentrional d'Irlande, mêle contrées sauvages, grand cœur et hospitalité. Dans cette région relativement secrète, vous pourrez parfois vous trouver seul sur des plages désertes. Bordant la mer, les falaises de Sliabh Liag (Slieve League, 601 m) sont les plus hautes d'Europe, et des kilomètres de chemins de randonnée côtiers préservés doublent la Wild Atlantic Way. Les anciens forts du Donegal, ses traditions musicales et son précieux héritage linguistique irlandais en font une région passionnante.

1 Lukassek/Shutterstock © 2 Simon Gray/500px ©

Les incontournables

01 **Les falaises de Sliabh Liag** (Slieve League), joyau caché de la Wild Atlantic Way. Plus grandes (et moins touristiques) que la tour Eiffel ou les falaises de Moher, ces falaises côtières sont les plus grandes d'Irlande et les plus hautes accessibles en Europe.

02 **Silver Strand**, une ravissante crique en forme de fer à cheval pour se baigner à Malin Beg, près de Glencolmcille.

03 **Malin Head**, cap rocheux et point le plus septentrional d'Irlande, un site à ne pas manquer, d'où l'on contemple parfois des aurores boréales.

3 Lukassek/Shutterstock ©

Plages et randonnées

Les ravissantes plages du Donegal sont sans doute son secret le mieux gardé : où que l'on soit, il s'en trouve toujours une à proximité. Des sables rouge orangé de Ballymastocker Bay, sur la rive ouest du Lough Swilly, à la rocailleuse Kinnagoe Bay, nichée dans la péninsule d'Inishowen, l'attrait de l'océan est incomparable, et vous serez peut-être la seule âme qui vive à des kilomètres.

L'Ards Forest Park, dont les arbres poussent jusqu'au rivage, abonde en criques désertes où tremper les pieds dans l'eau, notamment la bien nommée Lucky Shell Beach. À quelques minutes en voiture, la ville côtière de Dunfanaghy fait une jolie halte. Les plus aventureux s'élanceront sur les terres sauvages sillonnées de chemins de randonnée du Glenveagh National Park, ou sur le nouveau sentier prisé situé à la pointe du comté, dans les hauts plateaux où trône l'Errigal Mountain.

Sports de plein air

Le Donegal compte de nombreux prestataires d'activités, souvent gérés par des familles. L'accent mis depuis quelque temps sur le slow tourisme et le tourisme durable commence d'ailleurs à porter ses fruits. Avec Eco Atlantic Adventures, Hugh Hunter propose ainsi des circuits en kayak sur le Lough Swilly, qui limitent le coût et l'impact environnemental des trajets d'un site à l'autre.

Fendre la bise à toute allure n'est pas la seule façon de faire du vélo : les circuits en fat bike Off The Beaten Path invitent à découvrir sans se presser le Glenveagh National Park, la côte autour de Magheraroarty et l'île de Toraigh.

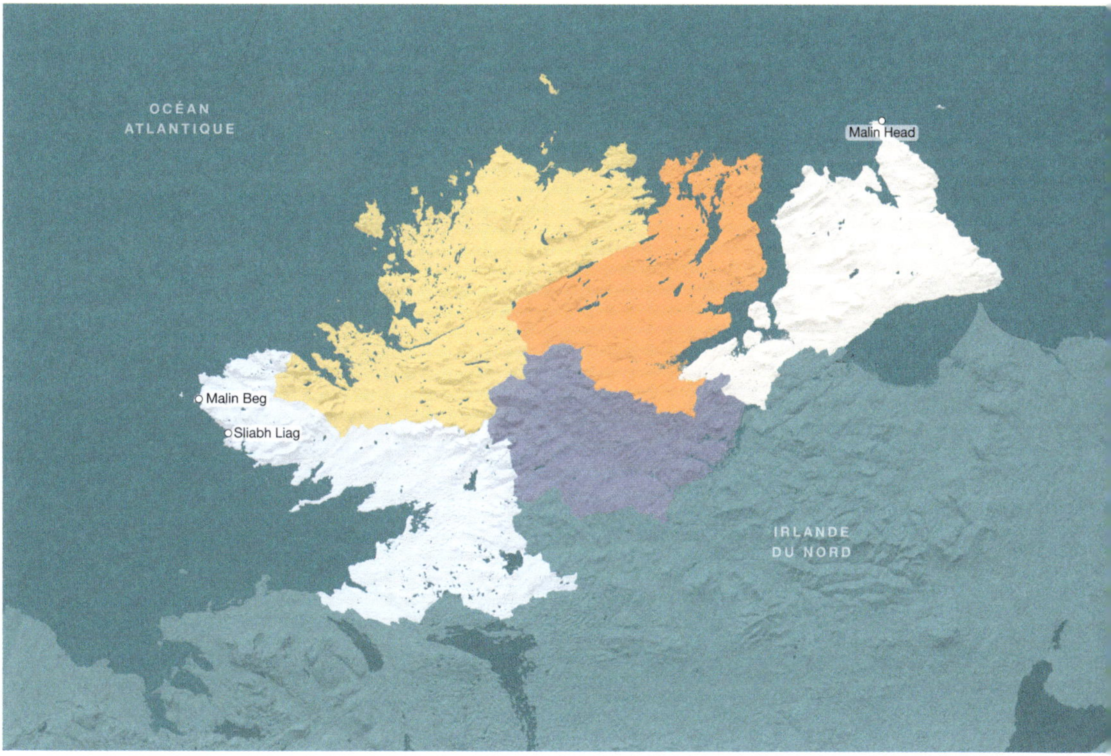

4 Sergiu Cozorici/Getty Images © 5 Umomos/Shutterstock © 6 Lukassek/Shutterstock ©

J'adore marcher sur Fintra Beach ou regarder les bateaux de pêche livrer leur lourde cargaison à Killybegs. Je viens ici pour m'évader et prendre un grand bol d'air frais.

Mairead O'Hagan Anderson, gérante avec son mari du Seafood Shack, de l'Anderson's Boathouse Restaurant et de son hôtel dans le village de pêcheurs de Killybegs

Le majestueux littoral de l'île d'Arranmore, jalonnée de stacks, est un des attraits du Donegal. Des circuits en bateau de 2 heures 30 permettent de découvrir le milieu naturel de l'île et son patrimoine maritime, dans le respect de la faune locale, notamment des phoques, des dauphins et de leurs petits. De plus, un parcours de snorkeling s'adresse aux débutants comme aux plongeurs plus expérimentés.

Impossible de se trouver dans ce haut lieu irlandais du surf sans se mesurer aux déferlantes, par exemple avec la Fin McCool Surf School, à quelques pas de la vaste Rossnowlagh Beach.

Cuisine locale

Restaurants éphémères, chefs étoilés venus retrouver un équilibre de vie : depuis la pandémie, il y a du mouvement dans le paysage gastronomique du Donegal. Les produits de la région sont à l'honneur pour une cuisine abordable et sans prétention.

Reprenant la cuisine de l'Olde Glen Bar, près de Carrigart, le chef Ciarán Sweeney a initié

une révolution, et les restaurateurs du comté ont suivi. Avec plusieurs livraisons d'huîtres et de poisson frais par jour, ses repas simples mais soignés ont trouvé leur place dans le guide Michelin. Du Fisk Seafood Bar de Downings à la brasserie Nancy's Barn de Ballyliffin (sur la péninsule d'Inishowen), on trouve des produits locaux et de saison dans toutes les assiettes, à l'image de la soupe de fruits de mer primée du Nancy's, servie avec du pain au froment.

1 Marais dans l'Ards Forest Park **2** Droséras à feuilles rondes ; ces plantes carnivores sont courantes dans les tourbières d'Irlande **3** Phare de Fanad Head **4** Une église à Dunlewey, au pied de l'Errigal Mountain **5** À vélo près du Lough Beagh, dans le Glenveagh National Park **6** Silver Strand, à Malin Beg

Comment s'y rendre

En voiture, la côte se trouve à 2 heures de l'aéroport international de Belfast et de celui de Belfast City, et à 3 heures de l'aéroport de Dublin. Des bus relient les villes importantes.

Quand partir

Le Donegal est plus fréquenté l'été, mais l'hiver permet d'observer les oiseaux migrateurs. En juillet, l'Earagail Arts Festival célèbre la culture et la langue locales.

PAYS BASQUE, ESPAGNE

05

Au nord-est de l'Espagne, sur une côte léchée par les vagues, le Pays basque est d'une beauté captivante. L'excellente gastronomie locale plante le décor d'une culture ancienne, riche et unique, qui vit à travers l'euskara (la langue basque) et une ribambelle de fêtes remarquables. Le berceau de la *cocina alta* (haute cuisine) espagnole s'exprime sur les tables de Bilbao la postindustrielle, de Saint-Sébastien l'élégante, ou encore de Vitoria-Gasteiz la bourdonnante. Un vent de fraîcheur souffle aussi sur la scène artistique, et la région tout entière s'attache à développer un tourisme durable aux retombées positives. Une ligne d'AVE (TGV espagnol) est même en projet dans la région, pour relier ses villes principales.

2

Les incontournables

01 **La gastronomie de Saint-Sébastien**, entre bars à *pintxos* (Casa Urola, Borda Berri, Bergara, Tamboril) et tourisme viticole (www.mimo.eus).

02 **Le break de Mundaka**, gauche de rêve pour les surfeurs expérimentés. Zarautz et Sopelana sont aussi d'excellents spots.

03 **Bilbao**, pour une promenade au fil du Nervión, entre sculptures et peintures murales, ou une excursion à vélo avec Tourné (www.tournebilbao.com).

04 **Les sommets** d'Anboto et d'Aizkorri, ou **les itinéraires côtiers** à flanc de falaise entre Saint-Sébastien et Pasaia.

3

Gastronomie basque

Concentrant quatre des treize restaurants espagnols triplement étoilés au Michelin, le Pays basque est sans aucun doute un haut lieu de l'art culinaire. Des repas magistraux vous attendent à chaque tournant, de modestes *pintxos* (élevées au rang d'art à Saint-Sébastien, Bilbao et ailleurs) aux exploits originaux de chefs comme Martín Berasategui (le plus étoilé d'Espagne), Bittor Arginzoniz (du célèbre Asador Etxebarri) ou Juan Mari Arzak et sa fille Elena (duo aux commandes de l'Arzak). Dans tout ce territoire, des cuisiniers d'exception innovent et suscitent l'inspiration sans jamais renier les produits locaux ultrafrais et les recettes traditionnelles transmises de génération en génération.

Mais, au delà des restaurants étoilés, les bonheurs gustatifs au Pays basque, c'est aussi déguster un verre de cidre avec une omelette de morue ou un bifteck grillé dans un modeste *sagardotegi* (cidrerie), une assiette de fruits de mer en admirant le golfe de Gascogne, un *txakoli* léger dans un bar à vins chic - ou explorer des bodegas branchées, dans la région viticole de la Rioja Alavesa.

Attraits urbains

Dans l'élégante Saint-Sébastien, les hôtels contemporains et les nouvelles galeries comme la Villa Magdalena font sensation, dans un décor de plages dorées et d'architecture Belle Époque. Quant au quartier de Gros - fief des surfeurs - il devient d'année en année plus tendance. Même constat dans la dynamique Bilbao, où les arts continuent d'être à l'honneur :

4 Margaret Stepien/Lonely Planet © 5 SOPA Images/Getty Images © 6 Ivan Soto Cobos/Shutterstock ©

Sensible, contemporaine, audacieuse et attachée à ses racines et ses grands produits, la cuisine basque témoigne aussi d'une éthique durable. À Saint-Sébastien, les restaurants de l'hôtel Akelarre sont extraordinaires ; essayez aussi les pintxos *du Ganbara.*

Elena Arzak, co-cheffe de l'Arzak, restaurant triplement étoilé de Saint-Sébastien

de l'incontournable musée Guggenheim de Frank Gehry à l'île artificielle de Zorrotzaurre (un projet dessiné par l'architecte anglo-irakienne Zaha Hadid), les édifices industriels trouvent une seconde vie en tant que lieux culturels. Le marché Art déco de la Ribera reste remarquable, et les bars à *pintxos* pullulent : citons le Gure Toki sur la Plaza Nueva du Casco Viejo, ou La Viña del Ensanche, de l'autre côté du fleuve. Dans les terres, la capitale basque de Vitoria-Gasteiz, moins touristique, n'est pas pour autant à la traîne en matière de *pintxos*, de street art ni de superbes galeries, telles que l'Artium.

La côte basque

Face au golfe de Gascogne, les champs vert de jade cèdent la place à des falaises battues par les vents. Cette côte, pionnière du surf en Espagne dans les années 1960, est devenue un refuge pour les passionnés de ce sport,

des plages urbaines de Saint-Sébastien au célèbre port de pêche coloré de Mundaka, sur l'estuaire d'Urdaibai, près de Guernica. Faites aussi halte à Lekeitio (et sa superbe Isla de Garraitz, accessible à marée basse), Getaria (ville natale du couturier Cristóbal Balenciaga) et à San Juan de Gaztelugatxe, saisissante chapelle du Xe siècle (Peyredragon dans la série *Le Trône de fer*). Moins visitées, les contrées basques intérieures sont en grande partie des terres agricoles vallonnées, parsemées de villages de pierre et sillonnées de chemins de randonnée.

1 L'étroite chaussée menant à San Juan de Gaztelugatxe **2** Le musée Guggenheim, Bilbao **3** La Playa de La Concha, Saint-Sébastien **4** Les *pintxos*, toujours plus inventifs **5** Figure mythologique du Basajaun lors d'un défilé à Bilbao **6** Le port de pêche de Bermeo, près de Mundaka

Comment s'y rendre

Depuis la gare TGV de Hendaye, en France, on rejoint en 10 minutes à pied Irún, reliée à Saint-Sébastien et Bilbao notamment. Des lignes ferroviaires pratiques relient Bilbao, Saint-Sébastien et Vitoria-Gasteiz au centre de l'Espagne. Bilbao, Saint-Sébastien et Biarritz sont de plus accessibles en avion.

Quand partir

Juillet et août pour la haute saison sur la côte : temps chaud et nombreux festivals (l'Aste Nagusia dure neuf jours à Bilbao). Bonne période pour randonner en montagne. Juin et septembre : plus calmes, températures douces. Printemps et automne : parfaits pour la randonnée et le surf ; à la mi-janvier, festival de percussions Tamborrada à Saint-Sébastien.

LE BEST OF DU VOYAGE 2024

THAÏLANDE DU SUD

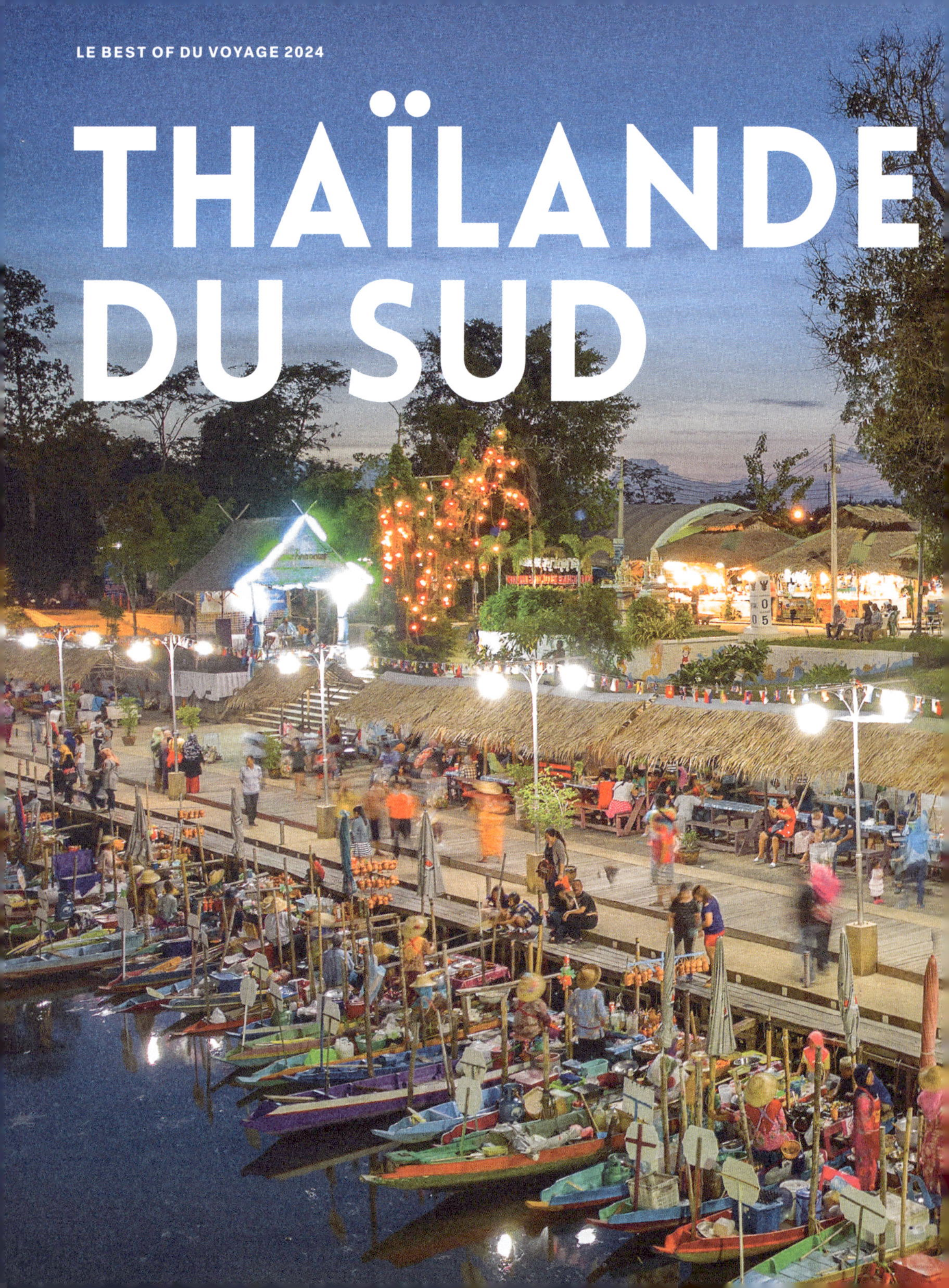

06

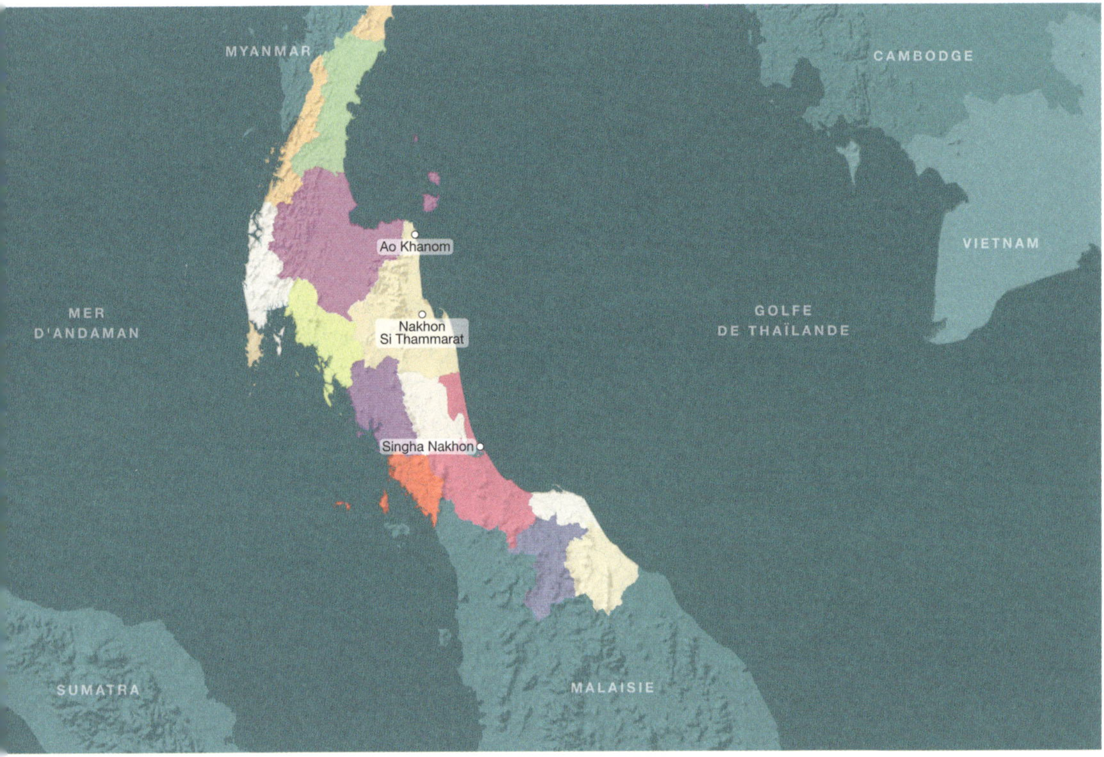

Découvrez l'autre Thaïlande : celle des mosquées finement ouvragées et des sanctuaires mystiques, où résonnent appels à la prière et cloches de temples… Des siècles de métissage entre les civilisations thaïe, malaise et indo-persane ont enfanté une culture locale unique, assortie d'une cuisine halal bien particulière. Bienvenue en Thaïlande musulmane, une région où est palpable la richesse d'une histoire séculaire, portée par les récits de saints thaumaturges et de sultans conquérants. Une région qui déploie aussi de longues plages désertes, des villages de pêcheurs traditionnels et des parcs nationaux sublimes au cœur de la jungle.

1 eakkachai/Shutterstock © 2 Tharik Hussain © 3 anantachat/Shutterstock ©

La Thaïlande musulmane

Dans le sud continental du pays, la Thaïlande musulmane est le cœur spirituel de la plus importante minorité religieuse thaïlandaise (5%), souvent marginalisée. Elle incarne une facette méconnue de la Thaïlande, dont on entend peu parler, si ce n'est parfois pour évoquer les tensions séparatistes. Pourtant se cache ici un univers d'une grande richesse, entre mosquées à l'architecture éclectique, cuisine délicieuse et festivals hauts en couleur.

À mesure que l'on progresse vers le sud, la culture et les habitants changent, évoquant de plus en plus la Malaisie toute proche. Les influences persanes, arabes et indo-asiatiques sont palpables dans ce fascinant patrimoine.

Des sanctuaires voués aux saints soufis thaumaturges sont vénérés par les bouddhistes comme par les musulmans. Certains soirs de fête, le chant entêtant des dévots emplit l'air ; et, cinq fois par jour, l'appel à la prière retentit depuis des mosquées dont l'architecture mêle des éléments thaïs traditionnels à l'art islamique.

Sultanats oubliés

Le sud de la Thaïlande fut autrefois gouverné par des sultans et des reines musulmanes qui commerçaient avec les puissances coloniales d'Europe et tinrent en échec les empires thaïs du Nord. Le voyageur curieux de cette histoire cherchera dans les collines couvertes de jungle de Singha Nakhon les vestiges d'anciens sultanats comme celui de Singora : d'épaisses

Les incontournables

01 Les iftars publics du ramadan, chaleureux rassemblements de rupture du jeûne, où est dégustée une cuisine thaïe musulmane.

02 Les vestiges oubliés du sultanat de Singora, dans la jungle sauvage de Singha Nakhon.

03 Le marché alimentaire nocturne de Nakhon Si Thammarat, pour de délicieux plats musulmans de la région.

04 La plage déserte d'Ao Khanom, pour ses dauphins roses, aussi beaux qu'insaisissables.

4 nuwatphoto/Shutterstock © 5 Rachata Chintawong/Shutterstock © 6 lemaret pierrick/Shutterstock ©

lianes dissimulent les remparts d'une cité oubliée et des forts militaires presque intacts qui pointent encore vers la mer leurs canons rouillés.

Dans le Sud profond (agité de mouvements séparatistes qui imposent la prudence au voyageur), se dresse le monument islamique le plus ancien et le plus hautement emblématique du pays : la mosquée Krue Se, bâtie au XVIe siècle près de Pattani. Caractéristique de l'architecture persane, elle témoigne de l'âge d'or de la région.

La Thaïlande loin des foules

Le Sud compte aussi des étendues de sable isolées et peu fréquentées par les touristes. À Ao Khanom, vous aurez pour vous la plage tout entière, et aurez peut-être la chance d'apercevoir des dauphins roses. Engagez-vous à moto sur les sentiers côtiers tranquilles : ils serpentent jusqu'à des villages de pêcheurs reculés, où de petites mosquées font face à la mer couleur d'azur. Vous pourrez y déguster un repas traditionnel bien connu des Arabes et des Indiens : *má·tà·bà* frais et *chah* (*roti* farci et thé), servi par des femmes portant des hijabs à motifs.

Regorgeant de cités thaïes authentiques telles que Nakhon Si Thammarat, Surat Thani et Hat Yai, les provinces méridionales sont aussi

Ne quittez pas Songkhla sans goûter la "glace au jaune d'œuf" de l'Yew Ice Cream Shop, unique en Thaïlande !

Abdu'r Rahman, propriétaire du Ban Nai Nakhon Boutique Hotel, Songkhla

accessibles que le reste du pays pour le voyageur autonome ; trains, bus, minibus et ferries en desservent chaque recoin, que vous traquiez la panthère nébuleuse dans les montagnes luxuriantes du parc national de Khao Luang, ou que vous vouliez admirer la charmante architecture sino-portugaise de la vieille ville de Songkhla.

La Thaïlande du Sud est comme une version de la Thaïlande sans les baroudeurs : calme, abordable et dotée en prime d'une culture thaïe et musulmane remarquable.

1 Marché flottant de Khlong Hae, Hat Yai **2** Canon d'un ancien fort musulman **3** Cuisine de rue à Hat Yai **4** La mosquée centrale entre Songkhla et Hat Yai **5** Vestiges des remparts de Singora, province de Songkhla **6** Rizières côtières, Nakhon Si Thammarat

Comment s'y rendre

Des avions, des trains et des bus relient Bangkok aux villes importantes du Sud, et des ferries arrivent de la plupart des îles touristiques.

Quand partir

La mousson s'étend de juillet à octobre. En 2024, le ramadan aura lieu en mars et en avril, et l'Aïd el Kébir à la mi-juin. Les quatre provinces les plus méridionales de la Thaïlande sont déconseillées pour des raisons de sécurité : consultez les recommandations avant de partir.

À lire

Les Musulmans de Thaïlande de Michel Gilquin.

07

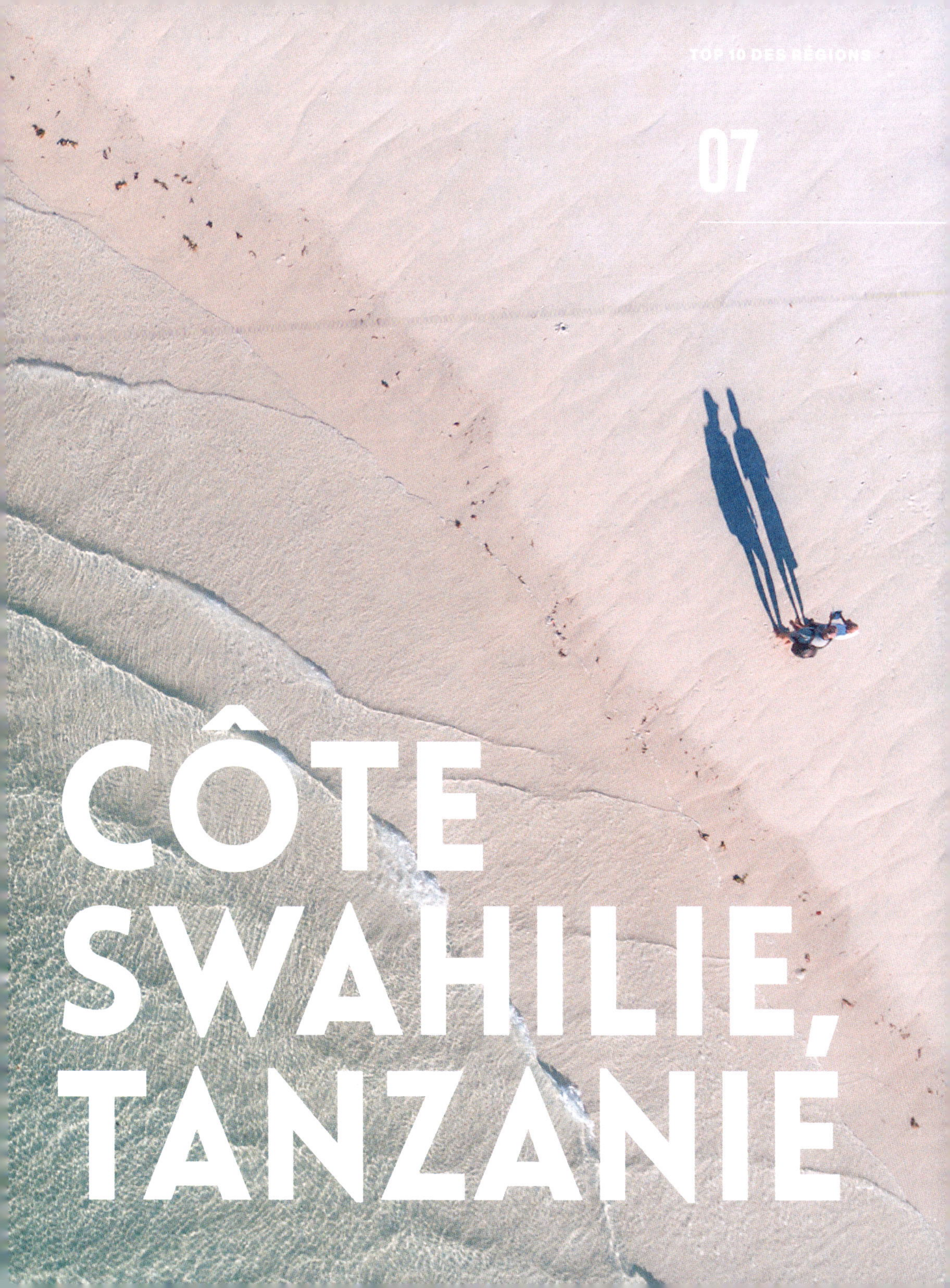

CÔTE SWAHILIE, TANZANIE

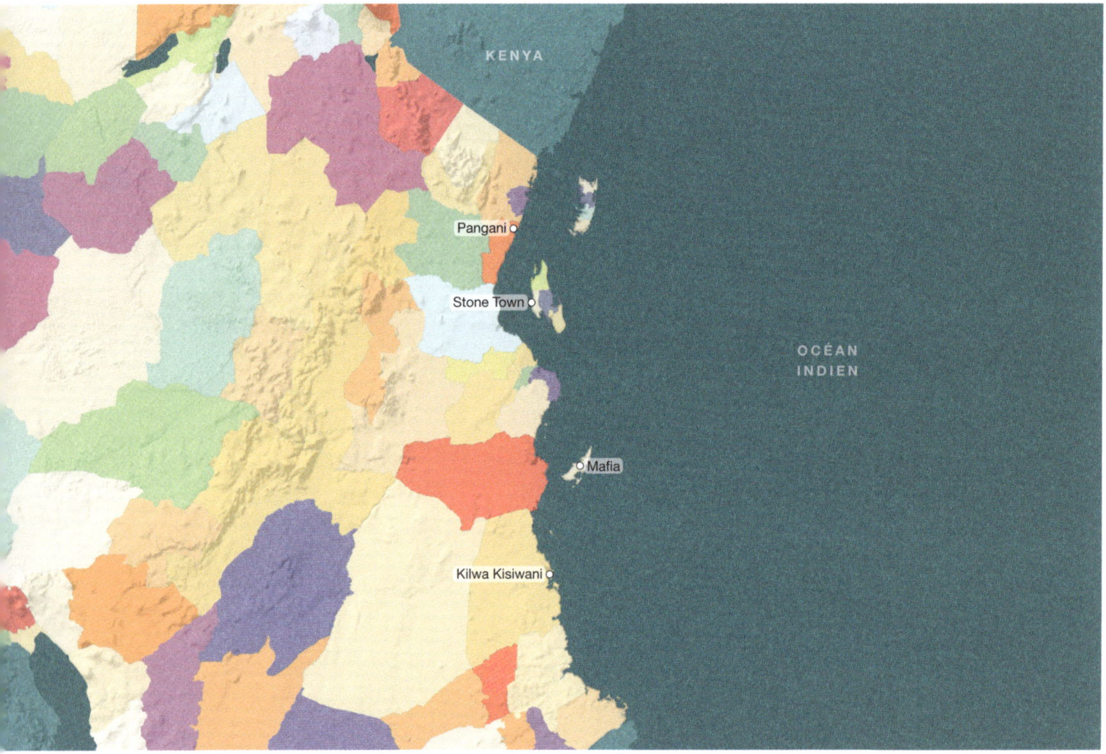

La côte swahilie accueille les voyageurs depuis des millénaires. Les plus anciens arrivaient d'Arabie, d'Inde et de Chine, poussés sur les routes commerciales de l'Océan indien par les vents de mousson. Ces échanges ont façonné la culture locale. Aujourd'hui, passé et présent sont inextricablement liés : des vestiges couverts de mousse côtoient les hôtels modernes, et des pirogues *ngalawa* voguent parmi les ferries à grande vitesse. Au coin des rues, on vend des noix de cajou tout près de tours de bureaux étincelantes où se concluent de grands marchés. Au moment où la Tanzanie est présidée pour la première fois par une femme, Samia Suluhu, c'est une période intéressante pour visiter cette région tournée vers l'avenir.

1 MOIZ HUSEIN STORYTELLER/Shutterstock © 2 Ivan Pavlov/Shutterstock ©

Changer de rythme

Pour profiter de votre voyage en Tanzanie, ralentissez la cadence. Pour cela, vous pourrez voguer sur les canaux bordés de mangroves de l'île de Mafia, ou visiter les villages où les habitants vaquent à leurs occupations sous un soleil brûlant. Explorer les vestiges du palais de Kilwa Kisiwani, vieux de 700 ans. Vous pencher sur les fragments de poterie chinoise séculaires qui s'échouent parfois sur les plages. Vous perdre dans les ruelles de Stone Town, à Zanzibar, et admirer les portes sculptées et les maisons en pierre de corail. Embarquer sur un boutre au soleil couchant, et écouter le faseillement de ses voiles blanches dans la brise. Séjourner dans de confortables lodges sur les îles, ou dans des pensions à l'accueil chaleureux. Goûter la cuisine de la région, aux épices subtiles, et manger sur le pouce du *pweza* (poulpe) grillé dans un marché nocturne à la lueur des lanternes…

Sur la côte

La gamme des expériences est vaste : nage avec les requins-baleines et initiation à la conservation marine sur l'île de Mafia, découverte de la musique *taarab* à Zanzibar, contemplation des criques secrètes et des clous de girofle séchant au soleil à Pemba… Dans le minuscule parc national de Saadani, les éléphants marchent dans le sable et les flamants roses se massent dans le delta. Dans le parc national Nyerere, région protégée phare du pays, un guide expert vous indiquera

Les incontournables

01 **Kilwa Kisiwani**, site du Patrimoine mondial et autrefois siège d'un vaste empire commercial.

02 **Les restaurants de Stone Town**, à Zanzibar, pour un pilaf parfumé ou un curry de coco délicieux.

03 **L'île de Mafia**, pour un séjour tranquille dans un lodge écoresponsable.

04 **Pangani**, vénérable comptoir commercial swahili aux plages bordées de palmiers et au banc de sable immaculé.

4

Comment s'y rendre

Les îles sont accessibles depuis la côte en ferry et en avion. Les boutres et pirogues à balancier permettent de traverser les chenaux plus étroits.

Quand partir

Entre mi-mars et mai, période pluvieuse, certains parcs et lodges insulaires ferment plusieurs semaines, mais les fleurs et les oiseaux abondent. La période juin-octobre est idéale pour observer la faune.

À lire

Paradis, du Nobel zanzibarien Abdulrazak Gurnah, examine les effets du colonialisme et des migrations, tandis que *Terre aride* d'Elieshi Lema met en scène la féminité moderne.

les traces des lions traquant leur proie entre lacs peu profonds et bosquets de rôniers. Sur le Rufiji, votre safari fluvial sera rythmé par l'observation des hippopotames, de crocodiles se chauffant sur les rochers ou de martins-pêcheurs près des abruptes berges.

Une région tournée vers l'avenir

Les racines culturelles de la côte swahilie sont étendues ; les habitants revendiquent leur histoire et leur identité, sont fiers du présent et pleins d'idées pour l'avenir. À Dar es Salam, les athlètes de la région se préparent aux compétitions internationales. Les étudiants sont de plus en plus nombreux à remplir les universités. Pendant ce temps, le gouvernement garde le cap et la croissance se poursuit. Quant aux vendeurs de noix

J'aime vivre en Tanzanie : j'y suis né. C'est une nation jeune où il se passe beaucoup de choses. Le nouveau gouvernement ouvre des perspectives prometteuses. Et pourtant, nous, les Tanzaniens, nous restons humbles.

Simon Mtuy, athlète et promoteur passionné de sports d'aventure

de cajou, si entreprenants, ils ont plus d'un tour dans leur sac : ils vous dépanneront dans bien des situations. La côte swahilie déborde d'énergie, et affiche une humeur joviale : c'est le moment parfait pour venir la découvrir et rencontrer ses habitants… *Jambo* (bonjour) et *karibu* (bienvenue) !

1 Les marchands sillonnent le rivage de Zanzibar depuis des siècles **2** Perles d'ornement sur un marché à Zanzibar **3** Livraison de pain dans les rues de Stone Town **4** Fin de journée sur l'île historique de Songo Mnara **5** Promenade sur la plage à Zanzibar **6** Requin-baleine près de l'île de Mafia

08

MONTANA, ÉTATS-UNIS

Avec des paysages américains majestueux, de plus en plus prisés par les cinéastes, et un accent croissant mis sur la culture et la cuisine, le Montana satisfait aussi bien les envies d'aventure en plein air que de séjour nature en famille. Que vous désiriez explorer les contrées sauvages de l'arrière-pays, découvrir la riche histoire culturelle indigène de la région ou loger dans d'agréables villes de montagne telles Bozeman et Missoula, vous trouverez votre bonheur dans cet État, et ce en toute saison.

Échappées sauvages

Les touristes se jettent – à raison – sur le Glacier National Park (territoire traditionnel des tribus Blackfoot, Salish, Pend d'Oreille et Kootenai)

1 Justin Foulkes/Lonely Planet © 2 urbancow/Getty Images ©

Les incontournables

01 **Le ski et les sources chaudes**, grands atouts du Montana. Élancez-vous sur les pistes de Showdown et plongez dans les eaux fumantes du Hot Springs Motel, un spa situé à White Sulphur Springs.

02 **Les circuits Sun Tours**, pour comprendre l'histoire et la culture ancestrales du Glacier National Park en compagnie de guides Blackfoot expérimentés.

03 **Les glaces de chez Big Dipper**, enseigne au succès national installée à Helena, Billings et Missoula.

04 **Le World Museum of Mining** de Butte, sa mine et ses artéfacts des années 1800, dans un décor de western.

3 EB Adventure Photography/Shutterstock ©

et le Yellowstone National Park (territoire traditionnel des tribus Kiowa, Blackfoot, Cayuse, Cœur d'Alène, Shoshone et Nez-Percé). Ces parcs, incontournables, sont généralement bondés en été. Pour des paysages similaires sans la foule, choisissez parmi les 15 zones sauvages protégées du Montana : les parcs naturels de Bob Marshall (territoire traditionnel des tribus Blackfoot, Salish et Kootenai) et de l'Absaroka-Beartooth (territoire traditionnel des Crows) sont particulièrement splendides. Des territoires chargés d'histoire : certains des chemins qui les parcourent remonteraient aux premiers couloirs indigènes.

Les zones sauvages ("*Wilderness areas*") demeurent parmi les territoires protégés les plus accessibles : seules certaines exigent l'obtention d'un permis. Pour les autres, charge seulement au visiteur de les visiter de manière responsable. Toutes offrent des paysages à couper le souffle.

Décors de cinéma

Des westerns historiques à la fiction moderne, l'industrie cinématographique du Montana est en plein essor. En 2024, ses paysages seront à l'affiche dans des films et des séries aux budgets très divers. Des sommets déchiquetés

1 Aiguilles de la Flathead River, en aval de Polson **2** Pêche au Parade Rest Guest Ranch, près de Yellowstone **3** Kayak sur le lac McDonald, Glacier National Park **4** Wapiti mâle, Yellowstone **5** World Museum of Mining, Butte **6** Avalanche Lake, Glacier National Park

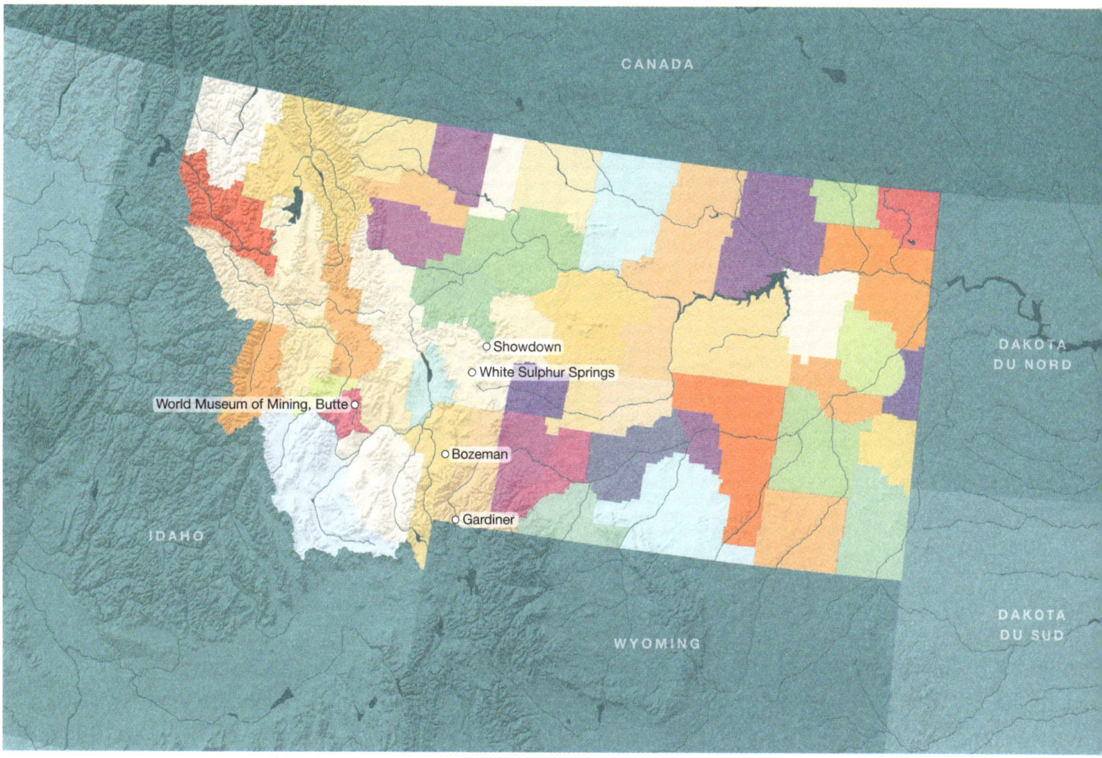

Le Montana ne se résume pas à ses grands espaces monumentaux et aux possibilités qu'ils offrent en matière de loisirs... Vivre ici, c'est pouvoir compter sur les autres en temps de crise, respecter les écosystèmes locaux et les initiatives qui œuvrent à leur préservation. Cet État où il fait bon vivre invite à veiller sur son patrimoine et ses représentants.

Laryssa Rote, cycliste aventurière et défenseuse de la faune basée à Helena

entourant Paradise Valley aux reliefs des environs de Missoula, vous croiserez maints lieux de tournage.

La région montagneuse qui entoure Missoula a la vedette dans la série à succès *Yellowstone*, diffusée par Paramount ; les scènes urbaines de son préquel, *1923*, ont été filmées dans le centre de Butte. Ces dernières années, bon nombre de films indépendants ont été tournés au Yellowstone Film Ranch, près de Livingston, avec en toile de fond l'imposant Emigrant Peak.

Commodités urbaines et charme rural

La tendance récente à s'éloigner des grands centres urbains depuis la pandémie de Covid-19

a contribué au développement des villes de montagne, souvent proches de stations de ski, de sources chaudes, de parcs nationaux ou de sites culturels indigènes. Ces petites villes en elles-mêmes ne manquent pas d'attraits : torréfacteurs, brasseries et restaurants du pré à l'assiette fleurissent, enrichissant une culture montagneuse défendue par des chefs de calibre mondial à Missoula, Whitefish, Big Sky, Bozeman et Helena.

Pour un circuit axé sur la bière, rendez-vous chez Highlander Beer à Missoula, Lewis and Clark Brewing Co à Helena, Bridger Brewing à Bozeman, et Blackstar à Whitefish.

Comment s'y rendre

Bozeman, Billings, Missoula, Great Falls et Kalispell possèdent de grands aéroports. Il peut être utile de louer une voiture sur place, car certains secteurs sont mal desservis.

Quand partir

Rafting en été, randonnée en automne, pêche à la mouche au printemps, ski en hiver… Le Montana a de quoi occuper le visiteur en toute saison. La neige peut toutefois durer jusqu'à mai, et la fin de l'été est sujette aux feux de forêt.

À lire

La Rivière du sixième jour, un classique de Norman Maclean.

SAALFELDEN LEOGANG, AUTRICHE

09

Contempler les reliefs calcaires rougeoyant au soleil couchant, dévaler à VTT les pentes boisées d'un bikepark exceptionnel, écouter un concert de Bach au sommet d'une montagne ou progresser dans la poudreuse en raquettes : le Saalfelden Leogang promet une immersion dans une nature qui en impose. En 2024, cette région montagneuse du Salzburgerland, en Autriche, jette les bases d'un avenir durable avec un télésiège écologique, un spa d'une élégance rare et un déluge d'activités de plein air au beau milieu des Alpes.

La plupart des visiteurs filent vers Salzbourg, au nord, ou Kitzbühel – plus clinquante –, à l'ouest. Ce faisant, ils passent à côté d'un

1 Krystof Guth/Shutterstock © 2 Ulrich Hoschek/Shutterstock ©

Les incontournables

01 Un circuit gastronomique à vélo électrique, pour visiter notamment la culture de safran de la famille Wölfler et la boutique HPH Anno 1905.

02 La tyrolienne géante Flying Fox XXL, pour plonger comme un oiseau à près de 130 km/h du haut de l'Asitz.

03 Le spa Atmosphere de l'hôtel Krallerhof, parfaitement intégré aux berges du lac et au paysage montagneux.

04 Une randonnée dans les alpages jusqu'au Lindlalm, cabane rustique où Resi prépare de savoureux *Pinzgauer Kasnock'n* (mini-raviolis au fromage).

3 Eder/Shutterstock ©

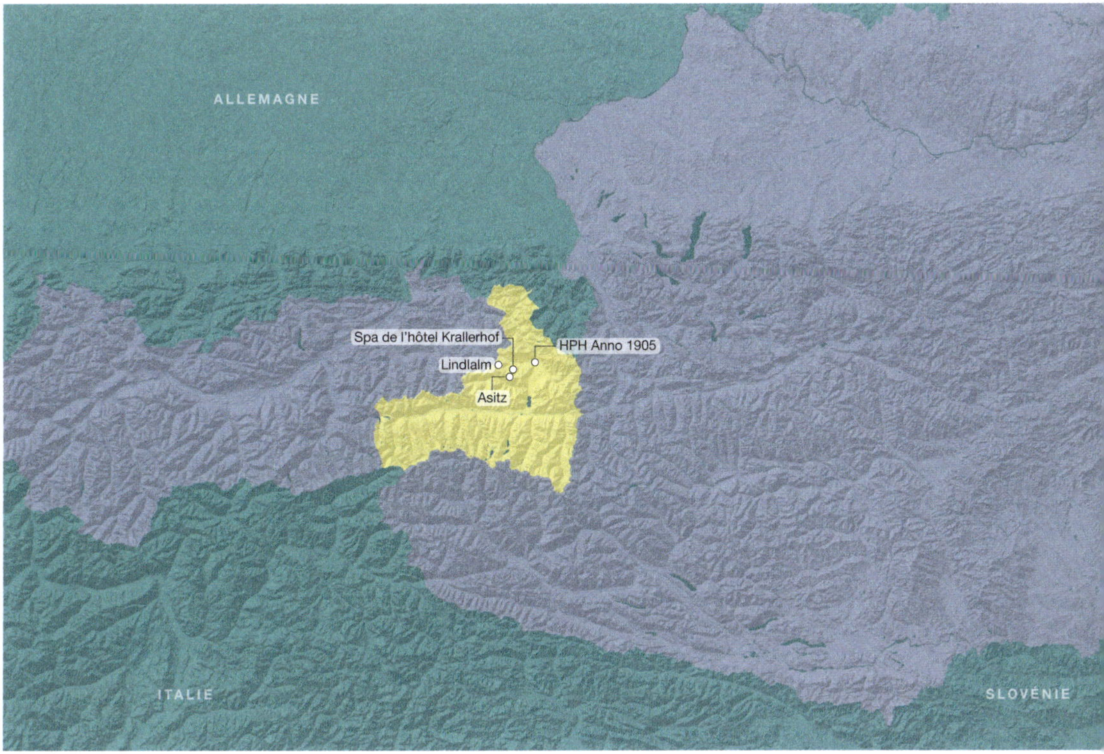

trésor : la chaîne de montagnes de Leogang, qui se dresse au-dessus de vallées tachetées de fleurs sauvages et de lacs d'un bleu miroitant. Non loin, près de la frontière allemande, les sommets calcaires du Steinernes Meer (ou "mer de pierre") semblent suspendus en surplomb d'un vaste plateau karstique qu'affectionnent les randonneurs et les varappeurs.

Cette région splendide fait aujourd'hui parler d'elle pour son bilan écologique exemplaire. De plus en plus de chemins de VTT s'enfoncent dans des forêts où la vie sauvage foisonne ; des panneaux solaires alimentent un remarquable télésiège de huit places, et un spa à l'architecture saisissante en bordure de lac fait écho à la beauté des environs...

L'art au sommet

Avoisinant les 1900 m d'altitude, l'Asitz – surnommé la "montagne des sens" – offre une vue aux premières loges sur deux lacs scintillants et les reliefs dentelés surgissant de vallées alpines. Ses forêts de pins servent de murs d'exposition à un étonnant circuit artistique, tandis que le festival TONspuren présente des concerts folk, rock ou classiques en plein air (avec une acoustique excellente).

Toute l'année, des installations invitent à une pause contemplative : le Cinéma de la Nature consiste en postes d'observation d'où l'on peut admirer les majestueuses montagnes, installé sur un hamac ou une chaise longue. Quant aux cabanes TONspuren, installées face à des panoramas exceptionnels, elle permettent de s'imprégner du paysage

Mon itinéraire à vélo préféré parcourt le plateau de Steinalm, à Saalfelden. Le panorama comprend des sommets de schiste et de calcaire, ainsi que le massif des Hohe Tauern, et domine le bassin du Saalfelden Leogang et sa rivière.

Sabine Enzinger, guide de circuits à vélo et hors piste, fondatrice d'Elements Outdoor Sports

tout en écoutant des enregistrements des concerts du festival.

Dévaler les montagnes

Le spectacle des hauteurs éveille immanquablement des envies d'aventure. Avis aux amateurs de VTT de descente ! L'Epic Bike Park s'étend sur pas moins de sept montagnes, vaste terrain de jeu offrant des vues à couper le souffle, avec des passages techniquement exigeants. Entre racines et passerelles en bois, le frisson est garanti.

Randonneurs, rendez-vous au Climate Hike pour marcher sur les traces des glaciers et des cours d'eau d'hier, ou relevez le défi du Saalachtaler Höhenweg, sentier de 68 km offrant une vue grandiose sur les plus hauts reliefs d'Autriche, dans le parc national des Hohe Tauern. Ses bâtons de marche en libre-service et ses distributeurs automatiques de produits agricoles bio facilitent l'aventure. L'office du tourisme vient aussi de lancer un programme

d'activités guidées toute l'année : circuits à ski, découverte de la faune et ateliers sur la flore alpine, inclus dans la carte d'hôte délivrée aux visiteurs.

Dès les premières chutes de neige, le Saalfelden Leogang se change en eldorado hivernal : son Skicircus déploie 270 km de pistes. Désormais orientée vers le tourisme durable, la station promeut aussi les activités à faibles répercussions sur l'environnement et axées sur la nature, comme le ski de randonnée, les promenades en raquettes, et le ski de randonnée nordique, avec 150 km de chemins entretenus.

1 Piste bleue à Hinterglemm, dans le Skicircus entre Leogang et Saalbach **2** Un saut vertigineux **3** Excursion sur l'Asitz **4** Les sentiers cyclables du Leogang, longs de quelque 80 km **5** Refuge au bord du lac, près du sommet de l'Asitz **6** Chapelle à Au, au nord de Saalfelden

Comment s'y rendre

Salzbourg, à moins de 2 heures de train, est notamment accessible depuis Paris et Strasbourg par le train de nuit Nightjet ÖBB (nightjet.com).

Quand partir

En hiver, la neige est reine. L'été rime avec culture et plein air : festival TONspuren, trails artistiques, observation des sommets depuis l'Asitz, Coupe du monde de VTT, et d'innombrables randonnées à pied ou à vélo. De nombreux hôtels ferment pendant la saison intermédiaire.

ÉCOSSE SEPTENTRIONALE

10

En Écosse, les touristes gravitent naturellement autour des remparts du château d'Édimbourg, des berges du Loch Lomond et des collines de Glencoe. Mais quelques-uns s'aventurent dans le Flow Country, la zone humide située au nord des sommets des Highlands. L'année 2024 sera peut-être celle de la reconnaissance pour cette région qui brigue l'inscription au Patrimoine mondial. Les confins du nord de l'Écosse, leurs tourbières méconnues et leur littoral sublime vous tendent les bras.

Le Flow Country

Couronnant la carte de l'Écosse au nord, le Flow Country abrite un écosystème à la beauté austère et remarquable. Au rang des régions

1 Binson Calfort/Shutterstock © 2 365_visuals/Shutterstock ©

Les incontournables

01 Le Ben Hope, *munro* (éminence de plus de 3 000 pieds, soit 914 m) le plus septentrional d'Écosse, pour sa vue imprenable sur le Flow Country.

02 Dunrobin Castle, une des plus imposantes et opulentes demeures du pays, liée aux heures sombres des Highland Clearances.

03 La route North Coast 500 au sud de Durness : cette pittoresque portion franchit le superbe Kylesku Bridge.

04 La Forsinard Flows Nature Reserve, une réserve ornithologique fréquentée par les pluviers dorés et les busards Saint-Martin.

3 Helen Hotson/Shutterstock ©

les plus faiblement peuplées du continent, le Flow Country est presque aussi éloigné de la frontière anglaise que des fjords de Norvège. Il fut d'ailleurs baptisé par les Vikings : en vieux norrois, *floi* signifie "humide", or ces quelque 3 885 km² de lande se caractérisent par un entrelacs délicat de terre et d'eau… Un dédale aquatique, reflétant le ciel les longs soirs d'été, et gelé les longues nuits d'hiver, cisèle ses tourbières. Un décor propice à la contemplation.

En 2024, le Flow Country est candidat à un classement sur la liste du Patrimoine mondial, au titre de son écosystème riche en flore et en faune rares, mais aussi de son intérêt climatique : en effet la tourbe retient captives des quantités abondantes de carbone, préservant l'atmosphère.

Une passerelle en bois serpente à travers les marécages de la Forsinard Flows Nature Reserve, dont une grande partie serait impraticable autrement. Elle aboutit au Flows Lookout, une tour d'observation à l'élégante architecture, permettant d'observer les cincles, bécasseaux variables, chevaliers aboyeurs et pluviers dorés qui nichent sur cet horizon dégagé.

La façade maritime

Par delà ces étendues d'eau douce, la bande littorale du Flow Country – longée par la route

1 Le Fyrish Monument (XVIIIe siècle) **2** Vache Highland
3 Le Kylesku Bridge, sur la North Coast 500
4 Les Duncansby Stacks, près de John O'Groats
5 Matériel de pêche à Helmsdale **6** Dunrobin Castle

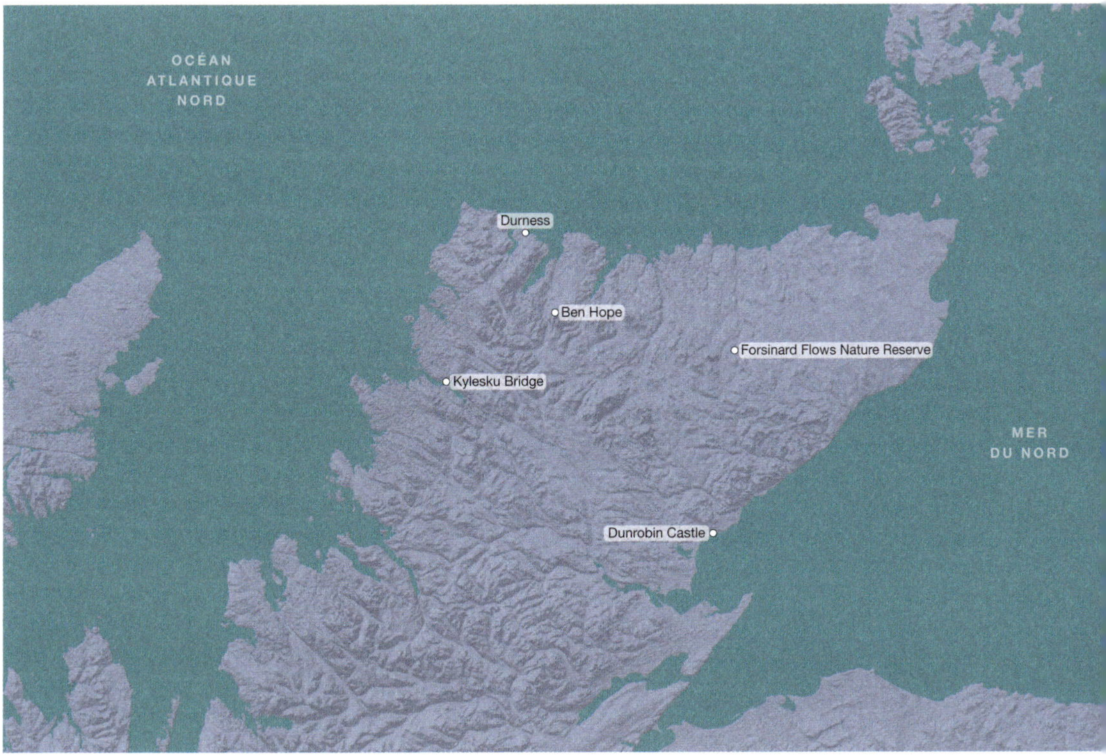

4 travellight/Shutterstock © 5 Steve Allen/Shutterstock © 6 Gimas/Shutterstock ©

Pour apprécier le paysage énigmatique du Flow Country, entre landes et tourbières, il faut prendre le temps d'y randonner, et de s'imprégner de l'atmosphère... C'est alors qu'on appréhende vraiment les lieux en profondeur.

Dr Steven Andrews, membre du Flow Country World Heritage Project

côtière North Coast 500 – est tout aussi envoûtante. Dornoch se targue d'une ravissante cathédrale et d'une grève de sable doré, tandis qu'au nord, le village de pêcheurs de Helmsdale se niche dans un écrin de collines couvertes d'ajoncs. Au-delà commence la terre des phares : entre celui de Dunnet Head – point le plus septentrional de Grande-Bretagne – et son tempétueux alter ego de Cape Wrath, à l'ouest, une série de tours chaulées balaient la houle de leur signal lumineux.

C'est souvent en voiture que le visiteur contemple ces panoramas, et, pourtant, les invitations à s'arrêter pour se frotter aux éléments ne manquent pas : ainsi, Thurso est la capitale du surf en Écosse. Les conditions optimales coïncident avec le plus sombre de l'hiver. Il est heureusement possible de suivre des cours en (épaisse) combinaison ; certains se réchaufferont même ensuite avec un petit verre de whisky...

Pause contemplative

La cuisine régionale suscite un intérêt grandissant : les produits de la mer issus

des lochs marins de la côte nord-ouest sont réputés. D'ailleurs, le climat atlantique vous poussera sans doute à un moment ou à un autre à vous réfugier dans un café, un salon de thé ou un bar confortable pour savourer un repas chaleureux en compagnie des gens du cru. Le reste du temps, vous savourerez ce qui est sans doute le grand attrait de ce recoin d'Écosse : la promesse d'instants de solitude absolue… Le murmure des fantômes du passé résonne des chambres funéraires du néolithique aux fermes de *crofters* abandonnées à l'époque des Highland Clearances, lorsque des milliers de paysans furent contraints à l'exode. Sur cette île surpeuplée qu'est la Grande-Bretagne, le sentiment d'espace de l'Écosse septentrionale est à la fois une surprise et une bénédiction.

Comment s'y rendre

Sur la côte nord-est, les wagons cahotants de la Far North Line desservent notamment Helmsdale, Forsinard, Wick et Thurso. Ne vous attendez pas à un voyage-éclair : le trajet entre Édimbourg et le terminus à Thurso dure au moins 8 heures.

Quand partir

Les saisons intermédiaires (fin du printemps et début de l'automne) sont propices à la visite de cette région ; en plein été, attention aux piqûres des *midges* (moucherons) et à la circulation sur la North Coast 500.

LONELY PLANET

TOP 10 DES DESTINATIONS ÉCORESPONSABLES

Espagne / Patagonie, Argentine et Chili / Groenland
Randonnée au Pays de Galles / Le Caminho Português,
Portugal et Espagne / Palaos / Hokkaidō, Japon / Équateur
Sentiers baltes / Écolodges d'Afrique du Sud

Espagne

Comptant parmi les destinations les plus courues au monde, l'Espagne est à l'avant-garde des voyages écoresponsables grâce à ses projets novateurs visant à mettre en place un modèle de tourisme plus durable et plus circulaire.

Ci-contre : La Ciudad de Las Artes y Las Ciencias et le Jardín del Turia

Ces dernières années, l'Espagne s'est efforcée de développer les énergies renouvelables, de répartir le flux des visiteurs sur toute l'année et d'aiguiller les touristes vers les destinations peu visitées. Valence, désignée Capitale verte de l'Europe pour 2024, vise d'atteindre la neutralité carbone dans le domaine du tourisme d'ici à 2025, notamment via le développement de pistes cyclables, d'espaces verts et de lignes de bus électriques. Aux Baléares, des restrictions touristiques favorisent les voyages qui privilégient la culture locale, la gastronomie et les espaces naturels. Dans les zones rurales espagnoles les moins peuplées, des petits hôtels originaux, des agences d'activités de plein air dynamiques et des voies vertes attirent un nouveau public. Enfin, des lignes ferroviaires permettent de se déplacer facilement sans prendre l'avion, notamment les lignes à grande vitesse AVE à destination des Asturies et du Pays basque.

LES INCONTOURNABLES

→ **Le Jardín del Turia, à Valence, occupe l'ancien lit du fleuve Turia. Ce long parc de 9 km est devenu un poumon vert très apprécié. Dépourvu de routes, il a contribué à réduire la circulation automobile. Le vélo est un bon moyen de l'explorer.**

Patagonie, Argentine et Chili

Nouveaux sentiers de randonnée, parcs de plus en plus vastes et ambitieux projet de réintroduction d'espèces animales : la Patagonie est à la fois plus accessible et plus sauvage que jamais.

Du côté argentin, le Parque Nacional Patagonia inaugurera fin 2023 un planétarium et un centre d'interprétation. Par ailleurs, des sentiers ont été aménagés autour des sites d'art rupestre du Cañadón Río Pinturas. Cette réserve isolée pourrait gagner la notoriété qu'elle mérite.

Au Chili, un parc du même nom a réintroduit des pumas, des nandous et des huemuls (un cervidé menacé) dans des steppes ayant pâti de décennies d'élevage. C'est l'un des 17 parcs formant la "Route des parcs" du Chili : cet espace, sur 2 800 km, couvre des forêts subantarctiques, de vastes champs de glace et l'un des ensembles de fjords les plus étendus de la planète. Les populations locales y sont encouragées à créer des installations touristiques respectueuses de la nature. Ultime raison de visiter la région en 2024 : le 2 octobre, une éclipse solaire annulaire obscurcira le ciel de la Patagonie, ce qui engendrera une effervescence certaine autour de cette région si sauvage.

Ci-contre : le Parque Nacional Queulat, l'une des 17 réserves naturelles qui composent la "Route des parcs"

LES INCONTOURNABLES

→ Le Parque Nacional Los Glaciares (Argentine), abritant des glaciers menacés.

→ Sortez des sentiers battus avec le circuit de Dientes (durée 5 jours), randonnée la plus australe du monde.

Groenland

La glace et la toundra du Groenland accueillent depuis longtemps les explorateurs, mais la plus grande île du monde attire aussi de plus en plus de voyageurs intrépides. Il sera d'ailleurs bientôt plus facile de s'y rendre.

Ci-contre : aurores boréales au-dessus d'Ilulissat, au Groenland.

Les expériences proposées sur place vont dans le même sens, tel le projet Disko Bay LIVE! qui vise à permettre aux voyageurs et aux scientifiques d'écouter et d'étudier la vie marine de l'Arctique.

Le printemps 2024 marquera aussi les dix ans d'Arctic Sounds, un festival de cinq jours, dans la ville de Sisimiut, sur la côte ouest.

Enfin, les aurores boréales devraient être fréquentes en 2024, du fait d'un pic d'activité solaire.

En 2024, le Groenland prévoit d'inaugurer deux nouveaux aéroports internationaux : l'un à Nuuk, la capitale colorée, et l'autre à Ilulissat, plus au nord, ce qui devrait permettre de relier enfin le Groenland et l'Amérique du Nord (actuellement seuls des vols depuis le Danemark desservent l'île). Ce projet s'inscrit dans le plan groenlandais pour une économie durable, reposant sur le tourisme et la pêche plutôt que sur le pétrole et l'exploitation minière. La population est composée à 90% d'Inuits, pour qui préserver l'environnement et la culture locale est une priorité.

LES INCONTOURNABLES

→ Chassez les aurores boréales et admirez la deuxième plus grande calotte glaciaire du monde lors d'une excursion écoresponsable de deux jours : le Camp Ice Cap. L'itinéraire démarre à Kangerlussuaq, non loin de la mer de glace.

Randonnée au Pays de Galles

De longue date engagé en faveur du développement durable, le Pays de Galles améliore son réseau ferré. Une aubaine pour visiter sans voiture les régions sauvages de l'ouest.

Promontoires déchiquetés, vagues déchaînées, falaises peuplées d'oiseaux, criques de contrebandiers, sentiers spectaculaires… Bien moins fréquenté que le nord, le sud-ouest du Pays de Galles séduit par l'aspect indompté de sa nature. On pourrait penser que c'est une région difficile à visiter sans voiture, mais le Pembrokeshire Coast National Park est étonnamment facile d'accès. Sur la principale ligne ferroviaire du sud du Pays de Galles, de nouvelles gares sont prévues début 2025, avec une offre de trains augmentée. Ce qui réduirait de 20 minutes le trajet de Londres à Carmarthen, porte d'entrée de l'ouest du Pays de Galles.

Sans attendre jusque-là, des trains desservent d'ores et déjà certaines villes populaires comme Tenby ou Fishguard, et des bus aux noms adorables (le Puffin Shuttle, le Poppit Rocket) longent la côte. Idéal pour planifier des marches sur le Wales Coast Path, le sentier qui borde ce littoral protégé.

Ci-contre : randonnée d'une baie à l'autre sur le sentier côtier du Pembrokeshire, près de St Davids.

↑nevereverro/Getty Images/iStockphoto © ↑Michael Roberts/Getty Images ©

LES INCONTOURNABLES

→ Une ancienne ferme près de St Davids héberge la Dr Beynon's Bug Farm, un centre de recherche et une réserve naturelle, mais aussi Grub Kitchen, le premier café du Royaume-Uni à proposer une cuisine à base d'insectes.

Le Caminho Português, Portugal et Espagne

Qu'on l'emprunte en pèlerin ou en simple voyageur, le Caminho Português dessine un itinéraire pittoresque à travers le Portugal et l'Espagne, invitant à ralentir la cadence.

Ci-contre : la spectaculaire basilique de Viana do Castelo (1898)

Sur 620 km, reliant Lisbonne à Saint-Jacques-de-Compostelle, le Caminho Português de Santiago ("chemin portugais de Saint-Jacques") est jalonné de cours d'eau, d'églises romanes et de villages anciens. L'emprunter donne l'occasion de faire halte dans des *albergues* locales, de dîner dans des restaurants traditionnels et de découvrir de petites villes qui tâchent de faire face à l'exode rural. En voyageant à pied, à vélo ou en train, on réduit son empreinte carbone, mais on prend aussi le temps d'apprécier le paysage, voire de lier conversation avec les autres voyageurs.

Le sentier côtier partant de Porto est une alternative plus courte (et avec moins de dénivelé), qui longe des plages sauvages et des villes historiques comme Viana do Castelo et Valença. Depuis l'inauguration du projet Caminho da Arte en 2023, des œuvres d'art contemporain sont exposées sur ce tronçon, à commencer par une création de l'architecte portugais Álvaro Siza, lauréat de nombreux prix.

LES INCONTOURNABLES

→ Vignobles, villes médiévales, cours d'eau… tels sont les paysages que traverse le Caminho de Torres, un itinéraire alternatif qui relie Salamanque, en Espagne, au nord du Portugal.

Palaos

Mettant à profit les outils numériques pour promouvoir le respect de la nature et des traditions locales, ce petit pays du Pacifique montre les perspectives qu'ouvre le voyage écoresponsable.

Le minuscule archipel des Palaos (18 000 habitants), avant la pandémie, attirait 90 000 visiteurs par an. Le pays souhaite intéresser les visiteurs, aujourd'hui de retour, au tourisme durable. Par le biais d'une application spécialement conçue, Ol'au Palau (olaupalau.com), les voyageurs, chaque fois que leurs choix participent à la préservation de l'archipel, se voient récompensés. Ainsi, s'ils privilégient une crème solaire ne nuisant pas aux récifs coralliens, ou s'ils optent pour des restaurants travaillant des ingrédients locaux, les utilisateurs de l'application récoltent des points. Ceux-ci leur donneront accès à des expériences culturelles ou naturelles habituellement réservées aux habitants des Palaos.

Dans cet État précurseur en matière de tourisme durable, depuis 2017, les touristes doivent d'ailleurs s'engager par serment (tamponné sur les passeports à l'arrivée) à protéger la culture et l'environnement des Palaos.

Ci-contre : l'archipel des Palaos est très vulnérable à la montée du niveau des océans.

↓Magik Blaze/Shutterstock © ↑©howamo/Shutterstock ©

LES INCONTOURNABLES

→ Les expériences proposées par Sam's Tours mettent l'accent sur des pratiques durables. Qu'il s'agisse de plongée sous-marine, de kayak, de randonnée ou de simples visites, l'opérateur s'engage à être "zéro déchet".

Hokkaidō, Japon

Haut lieu de sports d'hiver, l'île d'Hokkaidō encourage les hébergements et activités écoresponsables ainsi que la renaissance culturelle du peuple autochtone aïnou.

Ci-contre : Jōzankei Onsen, dans le parc national de Shikotsu-Toya, à une heure de Sapporo

Représentant 20% de la superficie du Japon, mais seulement 5% de sa population, Hokkaidō est célèbre pour ses montagnes et sa nature sauvage. En dehors des grandes stations de sports d'hiver comme Niseko, l'île la plus septentrionale du pays reste pourtant peu connue.

Les Japonais sont nombreux à être séduits par les vastes horizons d'Hokkaidō, et les autorités espèrent également attirer dans la région davantage de touristes étrangers. Il ne s'agit pas tant d'augmenter le nombre de visiteurs que d'offrir une expérience de qualité susceptible de profiter à l'ensemble de la communauté. Est visée en particulier la revitalisation de la langue et de la culture aïnou, à travers une valorisation de sa musique, de ses danses, de son artisanat et de sa cuisine.

Les six parcs nationaux de l'île abritent une faune abondante, d'excellents sentiers de randonnée, des sources d'eau chaude et des campings bien équipés. Idéal aussi à vélo !

LES INCONTOURNABLES

→ Un spectacle de danse ou de marionnettes aïnou au théâtre Ikor, dans le *kotan* (village) d'Akanko Onsen.

→ Voir une grue à couronne rouge, oiseau emblématique du Japon, dans le parc national de Kushiro-shitsugen.

Équateur

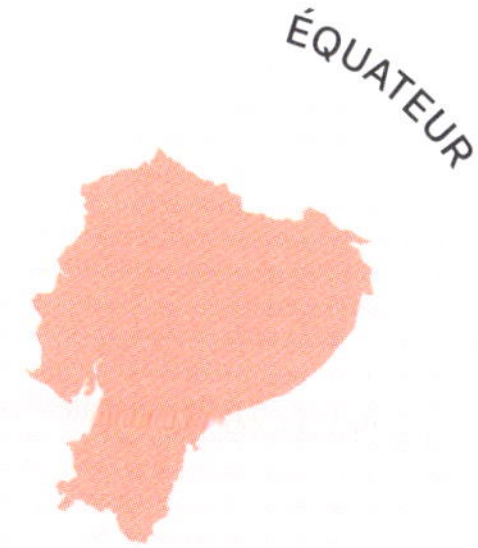

Avec ses forêts tropicales, ses rivières sauvages, ses 20 volcans actifs et un écosystème qui compterait jusqu'à 6% des espèces de la planète, l'Équateur est un champion de la biodiversité.

Un nouveau visa équatorien permet aux nomades numériques de prolonger leur séjour jusqu'à deux ans. L'occasion de multiplier les visites ! Le nombre de touristes admis aux Galápagos est limité afin d'en protéger l'écosystème, mais, pour peu que l'on s'y prenne à l'avance, on y trouve de nombreuses activités respectueuses de l'environnement. Même l'aéroport est le premier au monde à être alimenté par des énergies renouvelables. L'Équateur continental, lui, abrite 10 parcs nationaux et une partie du fleuve Amazone, avec de nombreux projets écologiques au cœur de la jungle. Nombre d'hébergements dans les forêts tropicales et d'écolodges sur les plages ont des équipements écologiques. Enfin, la nouvelle réserve maritime d'Hermandad, au nord des Galápagos, ajoutera quelque 52 000 km^2 aux 130 000 km^2 déjà protégés pour la préservation des tortues de mer, requins et autres espèces migratrices, formant un couloir dans le Pacifique jusqu'au Costa Rica.

Ci-contre : excursion en canoë vers un village indien dans le parc national de Yasuní

LES INCONTOURNABLES

→ Propriété de la communauté Añangu Kichwa, le Napo Wildlife Centre est un élégant lodge amazonien équipé de toilettes à compost et de panneaux solaires, au cœur de la jungle du parc national de Yasuní.

Sentiers baltes

Serpentant entre dunes de sable, forêts, lacs et rivières, les deux grands itinéraires de randonnée traversant les États baltes sont propices à la contemplation et à la méditation.

Ci-contre : pause sur l'isthme de Courlande, en Lituanie

Deux itinéraires de randonnée reliant les États baltes ont vu le jour discrètement ces dernières années.

Le chemin de randonnée de la côte Baltique longe le littoral de l'Estonie, de la Lettonie et de la Lituanie. C'est un défilé quasi ininterrompu de merveilles naturelles, des paysages nordiques austères de l'Estonie - rochers géants et chutes d'eau -, au sable fin de l'isthme de Courlande, en Lituanie, où se cache parfois un peu d'ambre.

Plus long, le chemin de randonnée des forêts baltes traverse les bois de l'arrière-pays. Il passe par le lac Peipsi, dans l'est de l'Estonie, et par une série de parcs nationaux, dont celui de la Gauja, en Lettonie, célèbre pour ses feuillages d'automne flamboyants.

Vous aurez souvent l'impression d'être seul au monde, mais vous traverserez aussi de charmants villages aux maisons en rondins, des bourgades pittoresques et des capitales animées.

LES INCONTOURNABLES

→ Se délasser après une journée de marche dans un sauna de la station de Ziedlejas.

→ Savourer une infusion et de la tourte à l'oignon à la Samovar House, dans un village de vieux-croyants russes, près du lac Peipsi.

Écolodges d'Afrique du Sud

L'Afrique du Sud est une ode à la grandeur de la nature, entre littoral peuplé de manchots, bush où rôdent des lions et des rhinocéros noirs, et fynbos des collines du Cap-Occidental.

En ces temps où la biodiversité mondiale est en plein déclin, la beauté sauvage de l'Afrique du Sud semble plus précieuse que jamais. Un impressionnant ensemble d'écolodges proposent de l'apprécier tout en limitant son impact sur l'environnement. À l'extrémité sud du pays, ceux de la réserve naturelle privée de Grootbos permettent de se fondre dans le splendide paysage du bush. On y dîne à l'ombre de forêts magnifiques (et menacées) de sideroxylons vieilles d'au moins 1 000 ans, et on y découvre l'écosystème fascinant du fynbos, végétation endémique. Plus à l'est, la réserve de Gondwana offre l'occasion de se familiariser avec la brousse lors d'un safari à pied de trois jours. Vous traquerez les "Big Five", accompagné par des gardes forestiers qui sont aussi de grands conteurs. Et alternerez les journées à marcher parmi les girafes et les zèbres, avec des nuits étoilées en "glamping" écoresponsable.

Ci-contre : des éléphants profitent des infrastructures de la réserve de Gondwana

↑Pavel Kuzmichev/Shutterstock © ↑Raquel De Castro Maia/Courtesy of Gondwana Game Reserve ©

LES INCONTOURNABLES

→ Réserver un séjour écoresponsable, par exemple au Lebombo Lodge dans le Kruger National Park. Évitez les lieux où les animaux sont en captivité ou contraints de modifier leur comportement naturel.

LONELY PLANET

TOP 10 DES DESTINATIONS BON MARCHÉ

Midwest, États-Unis / Pologne / Nicaragua / Limes du Danube, Bulgarie
Normandie, France / Égypte / Icarie, Grèce / Algérie
Lacs du Sud et Central Otago, Nouvelle-Zélande
L'Europe en train de nuit

Midwest, États-Unis

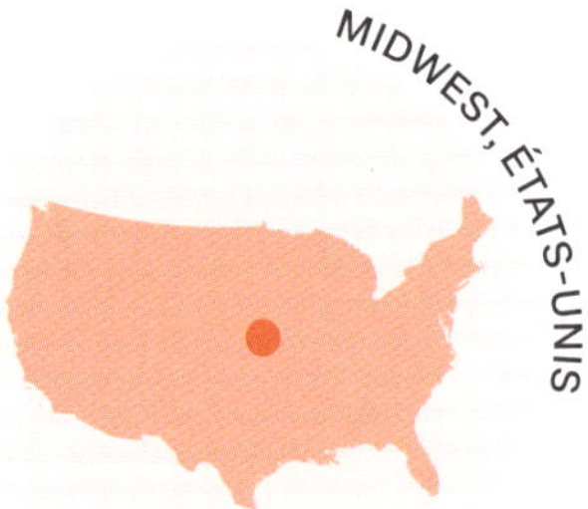

Injustement méconnu, le cœur géographique américain abrite pourtant des villes diverses et dynamiques, où s'exprime une grande créativité, notamment dans la cuisine.

Ci-contre : le fleuve Mississippi faisait autrefois fonctionner les minoteries de Minneapolis

Durant ces dix dernières années, les villes comme Chicago, Milwaukee ou Detroit ont attiré nombre de chefs cuisiniers, d'artistes et de créateurs, séduits par la possibilité de jouir de plus d'espace et de coûts moins élevés. Des vieux entrepôts ont ainsi été transformés en ateliers d'artistes, des usines désaffectées en hôtels écologiques et des bâtiments abandonnés en restaurants étoilés. Mais le Midwest compte aussi des musées de classe mondiale (tels l'Art Institute of Chicago et le Rock & Roll Hall of Fame de Cleveland), une culture de la bière artisanale et des enclaves culturelles fascinantes (somalienne à Columbus, hmong à Minneapolis). Qui plus est, en 2024, Cleveland et Indianapolis seront des lieux privilégiés pour observer l'éclipse totale de soleil en avril, le parc national de la Cuyahoga Valley célèbrera ses 50 ans et la ville d'Ann Arbor (Michigan), connue pour son marché de producteurs, célèbrera le 200e anniversaire de sa fondation.

LES INCONTOURNABLES

→ À Minneapolis, le restaurant Owamni by The Sioux Chef propose une cuisine amérindienne moderne, avec des plats comme de la truite de lac, du ragoût de bison, des boulettes de riz sauvage ou du pain de maïs bleu.

Pologne

La Pologne, destination idéale pour les petits budgets, compte des villes historiques et dynamiques, 17 sites inscrits au patrimoine mondial de l'Unesco et 23 parcs nationaux.

Pour des expériences de voyage variées et de qualité, la Pologne s'impose comme l'une des destinations les plus abordables d'Europe. La capitale, Varsovie, verra en 2024 l'ouverture d'un nouveau complexe abritant à la fois le musée d'Art moderne et le théâtre TR Warszawa.

La scène culinaire de la capitale est aussi en plein essor, avec des restaurants comme Bez Gwiazdek, Dyletanci ou Opasły Tom proposant une cuisine sophistiquée qui revisite les plats polonais traditionnels.

Les amateurs d'aventure et de plein air ne sont toutefois pas en reste, et pourront, suivant leurs goûts, randonner dans les Carpates sur la célèbre route des Icônes (elle relie des villages aux remarquables églises en bois), faire du kayak sur les grands lacs de Mazurie ou du vélo dans le parc national de Białowieża, une forêt primaire classée à l'Unesco, où vit l'un des plus grands mammifères terrestres du continent : le bison d'Europe.

Ci-contre : bison d'Europe dans le parc national de Białowieża

LES INCONTOURNABLES

→ Autrefois à l'abandon, la brasserie Haberbusch & Schiele (XIXᵉ siècle) est devenue l'un des endroits les plus courus de Varsovie depuis sa réhabilitation en Browary Warszawskie. Un lieu idéal pour boire une bière artisanale ou prendre un repas.

Nicaragua

Le Nicaragua est sans doute la meilleure destination d'Amérique centrale pour les petits budgets. Au programme : plages, soleil, architecture coloniale, forêts tropicales, îles perdues et bien d'autres merveilles.

Ci-contre : paysage de Little Corn Island

Le 8 avril 2024, une éclipse solaire sera visible dans une grande partie de l'Amérique du Nord et de l'Amérique centrale. Depuis le Nicaragua, l'éclipse sera partielle. Pour faire de ce spectacle un moment mémorable, pourquoi ne pas gagner le sommet d'un des volcans du pays ? Vous pourrez également profiter de votre voyage pour flâner dans les rues pleines de charme de Granada, vous prélasser parmi les surfeurs sur la côte pacifique, grimper au sommet des volcans de l'Isla de Omatepe ou admirer la nature sauvage des 78 réserves du pays. Le Nicaragua est en train de se relever d'une période difficile, entre crise politique, crise économique et catastrophes naturelles qui ont considérablement réduit sa fréquentation touristique. Les Nicaraguayens seront la force motrice de ce pays qui se réinvente et tend les bras aux visiteurs pour 2024.

LES INCONTOURNABLES

→ Situées au large de la côte caraïbe du Nicaragua, les Corn Islands vivent à un rythme plus lent que le reste du pays. Le Little Corn Beach and Bungalow est l'endroit idéal pour découvrir ce paradis oublié.

Limes du Danube, Bulgarie

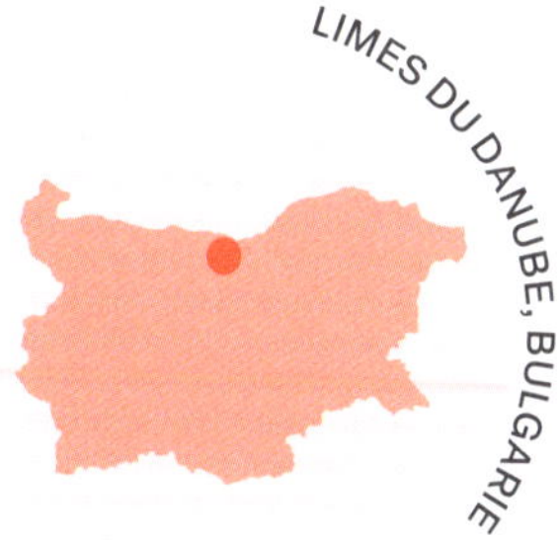

Série de fortifications établie le long des anciennes frontières de l'Empire romain, le limes du Danube en Bulgarie a été retenu pour rejoindre la Liste du patrimoine mondial en 2024.

Les vestiges datent des premiers siècles de notre ère, époque à laquelle l'Empire romain s'étendait le long du Danube à travers une région située aujourd'hui entre la Croatie, la Serbie, la Roumanie et la Bulgarie. La protection de l'Unesco devrait s'étendre aux sites des quatre pays (qui rejoignent ainsi les sections du limes romain d'Allemagne, d'Autriche et de Slovaquie déjà inscrites au Patrimoine mondial en 2021), mais le tronçon bulgare est le plus impressionnant. De l'ancienne cité romaine de Ratiaria, près de l'actuelle Vidin, jusqu'à la forteresse de Durostorum (aujourd'hui Silistra) et au-delà, les rives du fleuve sont parsemées de ruines. Certaines sont restées telles quelles depuis l'Antiquité, d'autres ont été remises en état et utilisées par les armées conquérantes byzantines et ottomanes. Beaucoup de sites peuvent être explorés à vélo le long du Dunav Ultra, une piste cyclable de 740 km qui longe le Danube jusqu'à la mer Noire.

Ci-contre : Baba Vida, l'une des spectaculaires forteresses qui longent le Danube

LES INCONTOURNABLES

→ Baba Vida est un château médiéval merveilleusement préservé, construit sur la forteresse romaine de Bononia, près de Vidin. Plus à l'est, à Ruse, des fouilles archéologiques sont en cours sur la base navale romaine de Sexaginta Prista.

Icarie, Grèce

L'île grecque d'Icarie séduit par ses eaux turquoise, sa nature sauvage, ses habitations troglodytiques et ses fêtes de village, les *panigyria*.

Ci-contre : la sérénité du port de pêcheurs d'Evdilos

Ainsi nommée en référence à Icare, qui se serait abîmé ici après avoir volé trop près du soleil, Icarie, île de l'est de la mer Égée, est aussi honorée comme le lieu de naissance de Dionysos, le dieu du Vin et de la Fête. Une route côtière permet désormais de circuler tout autour de l'île, et de rallier les célèbres fêtes patronales locales. À l'été 2024, joignez-vous à ces *panigyria* qui durent souvent toute la nuit. Avec leur abondance de victuailles, de vin et de danses traditionnelles, elles attirent aussi bien les visiteurs que la population locale. En séjournant sur Icarie, vous vous imprégnerez de la sérénité et du mode de vie de l'île, qui confèrent à ses habitants une espérance de vie parmi les plus élevées d'Europe (un habitant sur trois vit jusqu'à plus de 90 ans). Leur élixir de jouvence a le mérite d'être très abordable : beaucoup de "thé des montagnes", des haricots, peu de café et de viande, de longues siestes… et une vie sexuelle active jusqu'à 80 ans au moins.

LES INCONTOURNABLES

→ La plage des Seychelles, avec ses galets de marbre, sa mer émeraude et ses rochers géants polis par les vagues.

→ Les sources chaudes de Spilaio, dont les eaux riches en radon mènent à une grotte.

Algérie

Située à moins de deux heures et demie de vol de Paris, l'Algérie revient peu à peu sur la scène touristique, et passionnera les amateurs d'aventure.

À condition de bien se renseigner sur les conditions de sécurité du moment, région par région, voyager en Algérie redevient possible dans une large partie du pays. À la clé, une expérience abordable, loin des foules, avec certains des sites les plus spectaculaires du continent africain. Au-delà de la fascinante casbah d'Alger, le visiteur peut ainsi s'attendre à des sites romains remarquables (Djemila, Timgad) et de belles villes historiques comme les extraordinaires citadelles fortifiées de la vallée du M'Zab (les selfies y ont été interdits afin que la région ne devienne pas une de ces destinations "instagrammables"). Toutefois, la vedette incontestée du tourisme en Algérie reste le Sahara. Ce panorama hallucinant de cathédrales rocheuses, de mers de sable et de canyons érodés atteint son crescendo dans le plateau du Tassili N'Ajjer, foyer de la culture nomade touareg et de l'une des plus grandes collections d'art rupestre au monde.

Ci-contre : randonnée dans les formations rocheuses de Tassili N'Ajjer avec un guide touareg.

LES INCONTOURNABLES

→ Pour découvrir les plus belles dunes du Sahara algérien, rendez-vous à Timimoun, ville oasis en terre rouge, et au Grand Erg Occidental voisin, une mer de dunes grande comme deux fois la Belgique.

Lacs du Sud et Central Otago, Nouvelle-Zélande

La frénésie du vélo s'est emparée de la Nouvelle-Zélande. De nombreuses pistes cyclables permettent désormais de sillonner le sud de ce paradis du Pacifique.

Ci-contre : à vélo sur le Glendhu Bay Track, un circuit de 15 km au bord du lac Wānaka

Le sud de la Nouvelle-Zélande, région de lacs et de montagnes, abrite des hauts lieux de sports d'aventure comme Queenstown ou Wānaka. Comme le district voisin de Central Otago, c'est un paradis pour le vélo et la randonnée, des activités gratuites et accessibles à tous.

En ce qui concerne le vélo, de nouvelles pistes ont été créées, d'autres sont en cours d'aménagement et des projets de plus grande envergure sont à l'étude. Queenstown, sur le lac Wakapitu, compte un réseau de plus de 130 km de pistes cyclables. Wānaka offre de merveilleuses promenades au bord de son lac. Des localités anciennement assoupies du district de Central Otago trouvent même un nouveau souffle, à l'image de Clyde, située au bout du nouveau Lake Dunstan Trail (55 km). Dans quelques années, les cyclistes pourront aller de Queenstown et Wānaka à Dunedin, ville de la côte est, en passant par la région viticole de Central Otago.

LES INCONTOURNABLES

→ L'Atlas Beer Cafe, sur les rives du lac Wakapitu, à Queenstown, est une adresse abordable prisée de nombreux cyclistes, où se restaurer et déguster une bière artisanale de la brasserie Altitude.

L'Europe en train de nuit

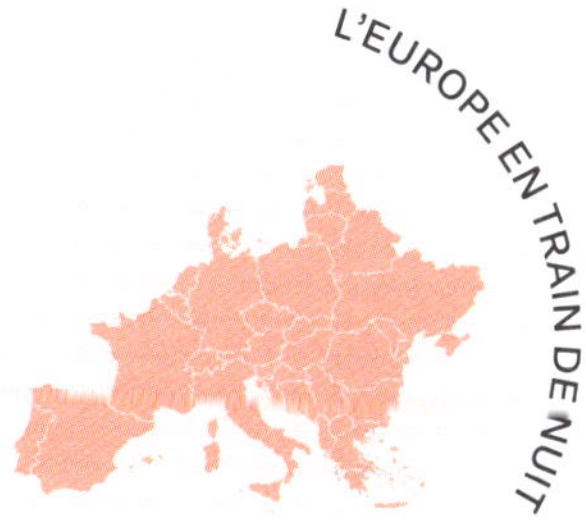

Après des décennies de déclin, les trains de nuit européens connaissent une vraie renaissance, répondant à une demande des voyageurs désireux de réduire leur empreinte carbone.

Il n'y a pas si longtemps, les trains de nuit européens semblaient voués à disparaître. Les compagnies aériennes low cost et la multiplication des lignes TGV avaient largement réduit l'attrait de la nuit passée dans une couchette, bercé par le roulis. Pourtant, l'ère des voyages écoresponsables a changé tout cela. Lancée par les chemins de fer autrichiens (ÖBB), la marque Nightjet a initié le mouvement en ouvrant plusieurs lignes en Europe centrale (et notamment un Paris-Vienne passant par Strasbourg, Munich et Salzbourg). Plusieurs sociétés privées l'ont suivie : European Sleeper prévoit de relier Amsterdam à Barcelone dans un avenir proche, tandis que la société française Midnight Trains veut réinventer le train de nuit avec des wagons conçus comme des hôtels de luxe. De quoi redécouvrir le petit miracle consistant à s'endormir dans un lieu le soir et se réveiller à destination le lendemain...

Ci-contre : les trains de nuit Nightjet couvrent l'Allemagne, l'Italie et d'autres destinations

↓Janice Chen/Shutterstock © ↑Harald Eisenberger/Courtesy of Nightjet ©

LES INCONTOURNABLES

→ Parmi les nouvelles lignes de trains de nuit, l'une des plus enthousiasmantes est le train Bruxelles-Prague peu à peu mis en place par la société néerlando-belge European Sleeper, avec des arrêts à Amsterdam, Berlin et Dresde.

INDEX

L'ÉLABORATION DU BEST OF

Le monde est plein de destinations fabuleuses où vivre de belles expériences de voyage. Comment choisissons-nous les plus passionnantes pour l'année à venir ? Rien n'est décidé à la légère. Voici en bref comment opère la magie.

1 L'ENQUÊTE

L'enquête annuelle est diffusée auprès de tous les employés de Lonely Planet et des quelque 200 auteurs de voyage, blogueurs et éditeurs avec qui nous collaborons. Nous leur demandons de partager leur expertise sur les destinations et les tendances qui créeront le buzz l'année suivante.

2 LES "TRAVEL HACKS"

Nous organisons aussi des séances de brainstorming dans les bureaux de Lonely Planet du monde entier, de Pékin à Buenos Aires. C'est là que nous nous retrouvons pour discuter du sujet qui nous inspire le plus : le voyage. Où sommes-nous allés ? Qu'est-ce qui suscite notre enthousiasme ? Si les visioconférences ont remplacé cette année les Post-It et les tasses de café, les *travel hacks* (littéralement "conseils/astuces de voyage") ont généré comme à l'ordinaire un tas d'idées.

3 LES ÉDITEURS DESTINATIONS

À l'issue de l'enquête et des *travel hacks*, on obtient une liste d'idées foisonnante. Celle-ci est alors examinée et réduite à sa substantifique moelle par les "éditeurs destinations" de Lonely Planet, spécialisés dans une zone géographique – un panaché d'individus séparés par des milliers de kilomètres, qui ont la même passion du voyage.

4 LE JURY

Cette sélection est transmise à un panel d'experts du voyage : sept passionnés au vaste éventail de connaissances spécialisées passent en revue chaque idée et lui attribuent une note sur 10 selon sa pertinence et son originalité, indiquant si elle mérite ou non une place dans notre *Best Of* 50e anniversaire. Le panel, pour cette édition, a réuni les auteurs Kelsy Chauvin, Tharik Hussain, Cory Lee, Shivya Nath et Monisha Rajesh, mais aussi Melanie Lieberman, rédactrice en chef à Thepointsguy.com, et Nitya Chambers, vice-présidente senior des contenus et rédactrice en chef à Lonely Planet.

5 LA LISTE FINALE

Le jury ayant fait son choix, la liste est arrêtée et certains collaborateurs sont dans la confidence. Enfin, en octobre, la sélection des meilleures destinations et tendances de voyage pour l'année à venir est partagée avec le monde entier !

Traduit et adapté de l'ouvrage
Lonely Planet's Best in Travel 2024, October 2023

Dépôt légal Octobre 2023
ISBN 978-2-38492-242-0
Imprimé en Espagne par EGEDSA

Couverture
Photos de première de couverture : Carolinie Cavalli, Meiying Ng, Simon Berger et Yuriy Kovalev sur Unsplash.
Photos de quatrième de couverture : Kerala, Inde © rchphoto / Getty Images ; Arc de Triomphe à Paris © iDrone Aerials / Shutterstock ; Leogang en Autriche © Eder / Shutterstock.

Édition en langue anglaise
Directeur éditorial Piers Pickard
Directrice éditoriale adjointe Becca Hunt
Coordination éditoriale Robin Barton
Édition Rory Goulding, Polly Thomas
Maquette Daniel Di Paolo, Lauren Egan, Emily Dubin
Fabrication Nigel Longuet

Édition française
Directeur éditorial Dominique Bovet
Responsable prépresse Jean-Noël Doan
Traduction Yann Champion et Kévin Thévenet
Adaptation française Clara Mackenzie
Maquette Valérie Police / L'imagerie
Cartographie Cartes adaptées en français par Caroline Sahanouk
Couverture Adaptée par Laure Wilmot
Fabrication Emmanuelle Laine

Merci à Christiane Mouttet pour sa relecture attentive, à Stéphanie Rian et à toute l'équipe du bureau de Paris. Enfin, merci à Luan Angel, Emma Davies, Kim Else et Nigel Longuet à Londres et à Jean-Pierre Masclef à Melbourne.

Rédaction
Brett Atkinson (Palaos), Alexis Averbuck (Icarie), Mark Baker (Prague, limes du Danube), Joel Balsam (Maroc), Sarah Baxter (randonnées au Pays de Galles), Greg Benchwick (Nicaragua), Joe Bindloss (Inde, Pakistan), Jade Bremner (Équateur, Jakarta), Alex Crevar (Trans Dinarica), Kathy Donaghy (Donegal), Peter Dragicevich (Croatie), Mary Fitzpatrick (côte swahilie), Lucie Grace (Mostar), Jen Hattam (İzmir), John Hecht (Mexique), Carolyn Heller (Montréal), Tharik Hussain (Thaïlande du Sud), Mark Johanson (Chili, Patagonie), Lauren Keith (Égypte, Kansas City), Michael Kohn (Mongolie), Abbie Kozolchyk (Philadelphie), Stephen Lioy (Ouzbékistan), Craig McLachlan (Hokkaido, lacs du Sud et Central Otago), Shivya Nath (Afrique du Sud), Isabella Noble (Pays basque, Espagne), Nanjala Nyabola (Nairobi), Leonid Ragozin (Sentiers baltes), Kevin Raub (Manaus), Simon Richmond (Pologne), Noo Saro-Wiwa (Bénin), Maggie Slepian (Montana), Oliver Smith (Écosse septentrionale, l'Europe en train de nuit), Nasha Smith (Sainte-Lucie), Joana Taborda (Camino Portugués), Simon Urwin (Algérie), Stephanie Vermillion (Groenland), Kerry Walker (Saalfelden Leogang), Nicola Williams (Paris, Toscane, Normandie), Chris Zeiher (Kangaroo Island), Karla Zimmerman (Midwest), Tom Hall (introduction)